GÉNÉRAL

Journal
de ma captivité
en Allemagne

1914-1917

PARIS

Journal de ma captivité

en Allemagne

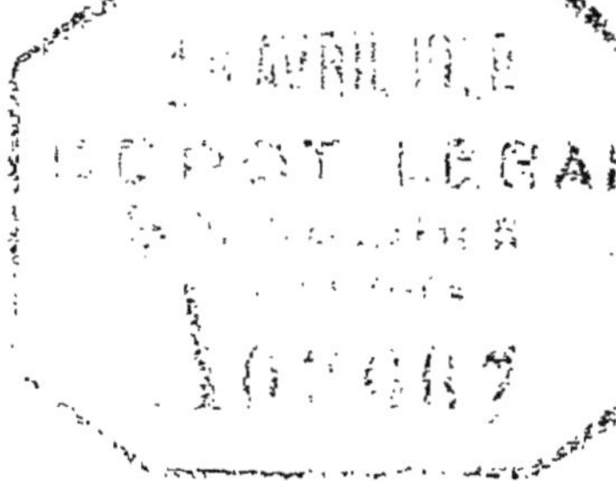

GÉNÉRAL VILLE

Journal
de ma captivité
en Allemagne
1914 - 1917

PARIS

—

IMPRIMERIE MILITAIRE UNIVERSELLE L. FOURNIER
264, boulevard Saint-Germain, 264

1928

AVANT-PROPOS

Le général Ville a eu la malechance de se trouver, au début de la guerre de 1914, enfermé dans la place de Maubeuge. Défendre une forteresse attaquée est toujours chose redoutable, parce que les chances de succès sont rares, même quand on dispose de moyens puissants, et les officiers que le sort a voués à cette tâche ingrate doivent d'abord se cuirasser d'une triple ceinture d'airain. Mais quand les murailles qui les abritent sont fragiles ou désuètes, quand aux premiers coups de la puissante artillerie moderne ils les voient s'effondrer et devenir en quelques heures des amas de décombres souillés de sang et de débris humains, alors ce n'est plus seulement du courage qu'il leur faut, mais une abnégation presque surhumaine, pour ne point céder aux tentations déprimantes de l'abandon de soi-même et du découragement.

Cette abnégation, les défenseurs de Maubeuge l'ont poussée jusqu'à l'héroïsme. Le peu de durée de leur résistance les avait fait d'abord accuser trop légèrement de faiblesse. Un jugement du Conseil de guerre, rendu selon les lois militaires après de longs débats publics, les a largement réhabilités. On a pu voir alors que dans ces journées terribles tous, les chefs comme les soldats, avaient fait ce que leur prescrivaient le devoir et l'honneur. Ecrasés par les projectiles des 305 et des 420, dont on n'avait point prévu l'entrée en jeu et dont aucun bouclier solide ne parait la foudroyante malfaisance, ils ont lutté jusqu'à la limite extrême de leurs forces. C'est seulement quand celles-ci ont été définitivement brisées qu'ils se sont rendus. Justice donc leur était due, et elle ne leur sera plus mesurée désormais.

Mais la chute de la place ne terminait point l'ascension de leur calvaire. Ils devaient bientôt en gravir un autre, plus long et peut-être plus douloureux encore, celui de la captivité. Ce que fut cette dure épreuve, le général Ville nous l'apprend dans les pages qui vont suivre. Elles nous donnent, en même temps que le récit poignant d'un véritable martyre, des aperçus singuliers sur les procédés honteux que ne craignait pas d'employer, pour venger ses déconvenues, un ennemi sans scrupules et sans générosité.

Des prisonniers de guerre traités presque en criminels de droit commun et transportés dans des voitures cellulaires — un officier général y compris — à travers les rues de Berlin ; de pauvres êtres à peine nourris, logés dans des camps insalubres ou des baraques sordides, et soumis, au profit du trésor allemand, à des prélèvements sur l'argent envoyé par leurs familles, tel est, et encore en raccourci, le traitement que les autorités boches ne craignaient pas d'infliger a de malheureux soldats que toutes les conventions internationales ordonnent de respecter. Si l'on ajoute à cela les retards systématiquement apportés à une correspondance que la Kommandatur entendait éplucher avant de la livrer aux destinataires, les douleurs de l'isolement, le chagrin de se sentir inutiles et désarmés pendant qu'ailleurs la bataille fauchait tant de camarades, d'amis ou de parents, on jugera par quelles tristesses et quelles angoisses ont pendant si longtemps passé ceux que les hasards de la guerre avaient jetés comme des épaves sur le sol inhospitalier de l'empire allemand.

Disons le tout de suite à leur honneur, ils ont supporté tant d'infortune avec un courage admirable et la plus noble résignation. Le « Journal » du général Ville nous en apporte la preuve. Nulle part on n'y trouve un cri de révolte ou de désespérance, et les plus justes plaintes n'y dépassent point le ton de la modération. Aux vexations indécentes qu'il subit, avec beaucoup de ses compagnons d'ailleurs, Ville oppose une dignité froide et une indéfectible hauteur d'âme. Il proteste, parce qu'il en a le devoir, mais c'est toujours avec la gravité et la noblesse d'expressions qui conviennent à son grade et à sa position. Aussi, il est pour ceux qui l'entourent à la fois un exemple et un soutien.

Cependant, il ne reste pas indifférent au drame qui se joue en son absence. Il le suit au contraire avec une attention passionnée, avec le regret cuisant de n'y point participer et une foi persistante en l'avenir. Ses renseignements sont souvent insuffisants, parfois même erronés, et les déductions qu'il en tire contredites par l'événement. Elles n'en sont pas moins sagaces et logiques, toutes les fois qu'elles se basent sur des données exactes. On voit là l'effort fait par un esprit judicieux pour percer la trame des mensonges que l'Allemagne chancelante prodigue avec cynisme afin de donner le change sur ses embarras croissants.

Je m'arrête, pour ne pas déflorer l'intérêt des pages saisissantes qu'on va lire. Personne, j'en suis sûr, ne pourra les parcourir sans émotion, ni sans saluer la mémoire du brillant soldat qui les a écrites. Car il y a mis les belles qualités d'une âme toute française et la ferveur jaillissante de son cœur généreux.

Lieutenant-Colonel ROUSSET,

Ancien député de Verdun.

Journal de ma captivité en Allemagne

UN MOT D'ABORD

Le procès de la reddition de Maubeuge, jugé en avril-mai 1920 devant le 2° conseil de guerre de Paris, a définitivement coupé court à la légende qui représentait la garnison de Maubeuge comme tombée sans avoir mis dans sa défense toute l'énergie voulue.

Des citations avec croix de guerre ont récompensé la vaillante cité et un grand nombre de ses défenseurs.

Il n'y a donc pas à revenir sur le récit de ces événements tragiques. Je prends mon *Journal* à partir du moment où je me suis trouvé prisonnier des Allemands, le 8 septembre 1914.

CAMP ET PRISON DE TORGAU

CAMP DE BURG

8 SEPTEMBRE 1914. — Prisonnier des Allemands, je suis conduit au fort Leveau, où sont déjà les officiers des troupes que je commandais. Le capitaine von Halthoff de la Garde, attaché au quartier général du général-lieutenant von Harbou, qui commande une division de réserve de la Garde prussienne, est chargé de me piloter. Parlant un excellent français, il se montre très courtois à mon égard.

Pendant mon séjour au fort Leveau, j'ai vu un horrible spectacle que je n'oublierai jamais. Suivant trois soldats allemands qui circulaient dans les couloirs à la lueur d'une bougie, je suis arrivé dans une galerie de communication souterraine. A l'angle d'épaule gauche, cette galerie était crevée jusqu'au rez-de-chaussée par un projectile, de 420 m/m sans doute. Là gisait un amas de cadavres de soldats français mêlés à de gros blocs de pierre qui les avaient écrasés.

Les Allemands avaient dégagé comme ils avaient pu cadavres et blocs de pierre. N'ayant pas les outils voulus, le travail était inachevé. Ces malheureux corps étaient livides et couverts d'une épaisse couche de poussière grise. L'odeur et le spectacle étaient impressionnants. Ne pouvant rien, nous nous sommes retirés fortement émus.

Le fort était à moitié démoli, ce n'étaient que décombres et trous d'obus ; seuls les locaux de gorge étaient intacts.

9 septembre. — Un capitaine d'artillerie allemand vient me demander où sont les canons *anglais* de la place. Je lui réponds que je n'en connais pas l'existence. Il insiste, me dit qu'il n'en a pas vu au fort Leveau, mais que, élevé en Angleterre, il savait que depuis un an l'Angleterre envoyait des canons dans les places françaises ? ? ?

Vers 17 heures, le capitaine von Halthoff vient me chercher et me conduit en auto à Maubeuge, chez le major allemand commandant la place, dans une maison située en face de la mairie. Le capitaine d'artillerie allemand reparaît ; il renouvelle ses questions sur les canons anglais, déclare qu'il agit par ordre du Kaiser, lequel savait que depuis un an l'Angleterre envoyait des canons en France, à Maubeuge ; il ajoute que si je ne dis pas la vérité, je serai puni, (on sait ce que signifie cette menace). Je lui certifie que je n'en connais pas, et l'invite même à se tenir plus militairement devant un officier général, ce qu'il fait d'ailleurs après mon observation.

Ses interrogatoires me donnent l'impression que l'empereur Guillaume essaye d'établir que l'Angleterre a prémédité cette guerre depuis un an et a fait des préparatifs en vue d'envahir la Belgique par le Sud.

C'est déplacer les responsabilités avec impudence.

Vers 20 heures, je suis conduit en auto à Paisant, où l'on m'enferme pour la nuit dans la salle d'attente sous la garde d'une sentinelle en armes.

10 septembre. — Au matin du 10, je suis laissé libre de sortir de la gare et de me rendre au bivouac des hommes de troupe et des officiers. Je demande au commandant allemand de la gare de faire donner à manger aux soldats et aux officiers. Peu après je vois partir un premier convoi auquel on distribue quelques pains. Aux officiers on remet quelques tranches de pain beurré.

A 8 heures, départ. Un compartiment de 1re classe est réservé pour moi et quelques compagnons.

Nous marchons très lentement et n'arrivons à Cologne que le 11 à 6 heures du matin. Jusqu'à Liége, nous avons aperçu quantité de maisons et d'usines incendiées ou démolies par le canon.

11 septembre. — L'allure du train s'accélère un peu. A Frédérichsfeld, nous débarquons. La colonne se rend à pied sous la pluie dans un vaste camp de baraques en planches, où les hommes sont arrêtés. Les officiers continuent, toujours à pied et sous la pluie, au milieu des flaques d'eau, jusqu'à Wesel.

Là, nous sommes enfermés, moi et les officiers les plus anciens, dans le bâtiment de punition des officiers allemands aux arrêts de forteresse, les autres dans une chambre de troupe.

Nous y restons une nuit et une journée. Une cantine nous apporte des repas à mes frais ; j'offre à mes compagnons de misère ces repas, les premiers un peu confortables que nous ayons goûtés depuis une semaine, mais le cantinier nous a traités en prisonniers taillables à merci. Les autres officiers n'ont eu dans leur chambrée qu'une soupe infecte dont ils ont gardé mauvais souvenir.

12 septembre. — Le 12 nous retrouvons un fort détachement des corps sous mes ordres. Nous sommes enfermés dans des voitures de 3e classe ; je n'ai plus de compartiment réservé. Nous roulons jusqu'à Magdebourg. Dans cette gare, on me fait changer de voiture, et monter dans une autre de 3e classe comme les précédentes, mais presque neuve et propre.

Jusque là notre escorte était composée de Westphaliens, d'un régiment de réserve, superbes colosses, très bien proportionnés et de figures ouvertes et franches. Leur feldwebel avait été très correct. Eux-mêmes gavés de café, de vivres, de cigares par les dames de la Croix-Rouge allemande, nous en avaient offert poliment.

„A partir de Magdebourg, ils sont remplacés par des Saxons, beaucoup moins beaux hommes, plus étriqués, moins vigoureux.

Au départ de Magdebourg, je subis une petite ayanie. Jusque là, le chef d'escorte avait évité de placer ses hommes dans les compartiments que nous occupions, en les groupant aux extrémités du wagon. Là il n'en est plus de même. Des soldats s'installent à raison de deux dans chaque compartiment. Comme je proteste pour rester seul avec mes officiers, en invoquant mon grade de général, le nouveau chef d'escorte en fait aussitôt monter cinq au lieu de deux dans mon compartiment. Ces soldats ont d'ailleurs été plus corrects à notre égard que ne l'avait été leur officier.

J'ai eu dans cette même gare, le premier exemple de la façon brutale dont certains officiers allemands traitent leurs subordonnés. Un des hommes de garde ayant cru pouvoir allumer un des cigares que leur remettaient à profusion les dames de la Croix-Rouge, je vis un officier se précipiter en fureur vers lui, les yeux lui sortant de la tête, arracher le cigare de la bouche du pauvre diable, l'écraser à terre, et déverser sur l'homme un torrent d'injures. Hébété, le soldat ne bronchait pas.

Dans la nuit, nous débarquons à Torgau et sommes conduits dans une grande baraque où des paillasses sont étendues à même le sol. Nous y passons la nuit. J'y suis, par la force des choses, séparé de mes trois compagnons de voyage que leur ancienneté appelle dans une autre baraque.

14 septembre. — Au matin, nous retrouvons d'autres officiers de Maubeuge, venus par d'autres convois et arrivés avant nous. Nous sommes répartis dans les divers locaux d'après nos grades. Le mien me vaut la faveur d'une chambre spéciale.

Le mobilier en est médiocre, c'est celui de sergent-major allemand, comme je l'apprends par une pancarte affichée dans la chambre. Nos bagages ne sont pas encore arrivés.

Ma première nuit s'est passée dans un sommeil profond, car je suis épuisé positivement par ce long et peu confortable voyage de quatre jours, et par les émotions que j'ai éprouvées depuis dix jours.

J'ai retrouvé à Torgau les généraux Fournier, Peyrecave,

Winkel-Meyer de la garnison de Maubeuge, et Rœderer fait prisonnier à Cambrai. Nous avons beaucoup causé, le général Fournier et moi, de la situation de la place au moment de la reddition. Nous sommes entièrement du même avis. La lutte ne pouvait plus continuer. Les hommes étaient énervés par six jours de combat, de privation de sommeil dans le bruit du canon, par l'insuffisance du ravitaillement en vivres dûe à la difficulté des transports, par la terreur que leur inspiraient les gros projectiles de 305, et surtout du 420. Ces derniers produisaient dans les maçonneries un puissant effet de pénétration, grâce à la masse en acier de leur pointe ogivale et à leur charge d'une centaine de kilos d'explosifs. Ils traversaient tout, même nos rares abris bétonnés (il est vrai, en béton non armé). En éclatant, ils faisaient, grâce sans doute à une fusée retardée, l'effet d'une véritable mine, avec entonnoir de 10 à 12 m. de diamètre et 5 à 6 m. de profondeur. Leur détonation très violente, secouait les nerfs, d'autant que leur apparition était une surprise à laquelle rien n'avait permis de préparer les hommes. Ces obus brisaient leur force nerveuse.

Le gouverneur a bien voulu me dire que mon énergie dans la défense du terrain des attaques avait prolongé de trois jours la résistance de la place. Je n'ai fait que mon devoir. J'ai lutté tant que je l'ai cru possible ; je n'ai cédé qu'à la nécessité. Je ne sais si j'ai agi pour le mieux et si un autre aurait pu concevoir des dispositions plus habiles. J'ai fait ce que j'ai pu ; ma conscience ne me reproche rien.

15 septembre. — Contrairement à la convention de la Haye, nous sommes enfermés dans la tête de pont de Torgau, ouvrage en terre avec réduit en maçonnerie à créneaux datant de Napoléon 1er et dénommée Bruckenkopf. Les officiers sont au nombre de 1008, avec une cinquantaine seulement d'ordonnances. La plupart proviennent de Maubeuge, Cambrai et Condé et sont en majeure partie des territoriaux ; il y a aussi une centaine d'officiers anglais. Les officiers sont logés dans le réduit et dans une ligne de baraques en maçonnerie ou en planches tout autour de la vaste cour. Seuls, les généraux ont une chambre individuelle. Nous prenons nos repas en commun par tables de 14. Je mange avec les officiers supérieurs du génie et quelques capitaines de la même arme. Notre vaisselle se réduit à 2 plats et 2 cruches pour la table, 1 assiette, 1 gobelet et 1 couvert par tête. La nourriture est préparée en commun. Elle est peu abondante, mais de bonne qualité. A 8 heures, café avec pain et beurre. A midi 30, 1 potage et 1 plat de viande, à 19 heures, 1 légume ou 1 soupe et 1 dessert. Pain et eau à discrétion. Nous nous cotisons pour acheter à la cantine un peu de bière et quelques suppléments.

16 septembre. — Je n'ai toujours pas mes bagages. En dehors des vêtements que je porte, je n'ai que 2 mouchoirs, rien pour me nettoyer, ni pour me changer. Nous sommes une trentaine dont les bagages ont dû rester à Frédérickfeld, malgré les affirmations des Allemands. Cette situation est fort désagréable. Nous avons beaucoup de peine à nous procurer ce qui nous manque. Il n'y a que deux cantiniers qui ne savent pas se débrouiller et nous exploitent à fond à 100/100 de bénéfice.

Nous manquons de nouvelles. Les Allemands en affichent pleines de réticences, ce qui tendrait à prouver qu'ils ne sont pas aussi victorieux qu'ils semblaient le croire à Maubeuge. Mais nous ne comprenons pas que les Russes ne portent leur effort que sur les Autrichiens et n'envahissent pas l'Allemagne avec dix ou douze corps d'armée. C'est là qu'est le nœud de la question.

Le temps est beau depuis deux jours, mais frais la nuit.

17 septembre. — On commence à fusionner un peu avec les Anglais, ce qui n'avait pas lieu les premiers jours. Arrivés les premiers, ils s'étaient installés largement, et ont dû être vexés d'être délogés pour nous.

Ce matin, on nous a tous vaccinés.

Les Allemands continuent à ne pas vouloir nous laisser écrire à nos familles. C'est de la barbarie. La convention de la Haye spécifie qu'un bureau de renseignements doit fonctionner par les soins de la Croix-Rouge allemande pour nous permettre d'envoyer à nos familles des lettres, d'en recevoir et de nous faire expédier ce qui nous est indispensable. La Croix-Rouge allemande s'occupe des siens mais non des prisonniers.

Le commandant du fort allègue comme raison que la

poste allemande ne fonctionne plus, même pour les Allemands. J'en doute ; ma famille n'aura donc pas de mes nouvelles. C'est dur.

Des échos de la guerre très succincts sont affichés dans notre caserne-prison. Ils ne sont pas triomphants ; c'est donc que les chances tournent contre l'ennemi. Aujourd'hui ils disaient simplement qu'on résiste pied à pied. Dès qu'il a aperçu cette affiche, le commandant du fort l'a fait enlever. C'est bon signe pour nos armées. Nous nous en réjouissons tout en nous rendant compte que les prisonniers subiront en mauvais traitements le contre-coup des insuccès allemands.

En qualité de général, j'ai pu conserver un ordonnance. Mon brave Roger avait été séparé de moi dès le 8, mais j'avais pu conserver avec moi le chauffeur de mon auto. C'est lui qui est resté auprès de moi. Il fait mon service et celui de la table à laquelle je prends mes repas. C'est un brave garçon, un Breton assez dégourdi.

Le commandant du fort vient d'écrire au colonel anglais une lettre insultante. Il n'a pas encore été aussi acerbe à l'égard des Français. Il paraît même qu'il vient d'écrire au général Fournier une lettre où il proteste de son désir de maintenir le bon état de santé des officiers français. Cela me confirme dans mon opinion que les Allemands détestent plus les Anglais que nous. Du reste, la *Leipziger Zeitung* contient un article intitulé : l'Anglais, voilà l'ennemi. Par voie de conséquence, les Anglais sont de plus en plus polis à notre égard. Le malheur rapproche les cœurs.

Je ne cesse de songer à l'angoisse que doit éprouver ma pauvre chère femme. Depuis un mois. elle n'a plus reçu de moi signe de vie. Ce doit être atroce de se demander si un être qui vous est cher et que l'on sait exposé à un danger est mort ou vivant. Elle doit avoir appris la capitulation de Maubeuge. Elle peut alors se dire que, si j'ai échappé jusqu'à ce jour à la mort, il y a quelques chances que je sois conservé à sa tendresse. Pour elle, il y a une chance sur deux pour que je sois en vie ! Mais il reste la chance défavorable.

Depuis hier. nous avons une tempête de vent, et la température fraîchit.

Dimanche 20 septembre. — Aujourd'hui, nous avons eu deux messes dites par un prêtre français fait prisonnier comme infirmier. La 1re a été dite dans un couloir, à 6 heures 1/2 du matin. Pour autel, quatre planches clouées sur deux tréteaux. Un pupitre en bois blanc. Pour calice, une coupelle. Le prêtre avait un livre d'office, et des ornements que nous avons achetés par cotisation. C'était comme au temps des premiers chrétiens. Le cœur y était pour tous les assistants : Cette messe était aussi impressionnante que les offices les plus somptueux de nos cathédrales. J'ai idée que Dieu l'a tenue pour hommage plus agréable à sa divinité.

A 8 heures 1/2 a été dite une seconde messe en plein air dans des conditions analogues. La moitié environ des officiers prisonniers y ont assisté. Quand on a vu la mort de près, on reste rarement athée ! !

Le général Fournier avait demandé officiellement, en invoquant la Convention de la Haye, que nous fussions autorisés à écrire à nos familles. La réponse vient d'arriver de Berlin. *C'est un refus brutal.* L'Allemagne a la prétention d'être un peuple civilisé ; ce refus la juge ; elle n'est pas accessible aux questions d'humanité ; elle ne connaît que la force violente. Nos pauvres familles seront dans la désolation. Nous n'y pouvons rien, hélas !

Un major anglais a réussi à s'évader de la caserne-prison. Grand émoi dans la garnison. Jusqu'où pourra-t-il aller ?

21 septembre. — Je m'occupe autant que possible. J'écris le récit du siège, le présent journal, et je traduis force allemand. C'est un moyen de passer le temps et de distraire l'esprit des pensées tristes.

22 septembre. — De temps à autre, les Allemands affichent quelques nouvelles de la guerre. Elles sont toujours très vagues. Mais d'après quelques noms de villes citées, nous pouvons en conclure qu'ils ont reculé, et qu'ils ont maintenant leur droite sur la ligne Reims-Verdun. La marche sur Paris a donc échoué. Ils n'ont jamais chanté aucune victoire décisive. Quand ils se vantent d'un succès, il ne s'agit que de combats et non de batailles de masses. Cette constatation nous remonte le moral. Du reste, nous escomptons pour ces jours-ci l'effort de l'armée russe qui doit être concentrée maintenant et faire sentir son action.

Ce serait un spectacle pittoresque, s'il n'était pas si triste, que de voir des officiers supérieurs laver eux-mêmes leur linge de corps. Beaucoup ne se soupçonnaient pas ce talent de ménagère.

23 septembre. — Le temps est revenu au beau ; cela permet de sortir dans la cour, de faire un peu d'exercice et de passer plus facilement les heures en de longues causeries. Le sujet des conversations est toujours le même, nos familles, le siège de Maubeuge. et des dissertations à perte de vue sur les conclusions qu'on peut tirer d'un mot inséré dans les affiches sur les mouvements des diverses armées.

24 septembre. — Enfin, ma cantine vient d'arriver. J'aurai donc une tenue et un peu de linge de rechange. C'est autant de repris sur l'ennemi. Mais ils ont, les voleurs ! essayé de forcer la serrure qui a heureusement tenu bon. Plusieurs colis ont été pillés et beaucoup d'effets ont été volés.

Ce soir, j'ai reçu une solde de 2 marks (2 fr. 50) par jour pour la période du 14 au 30 septembre.

25 septembre. — Nous entendons parfois passer des conscrits allemands avec accompagnement de tambours et de fifres, ou de chansons de marche. Leur allure n'est guère entraînante. C'est une race lourde.

26 septembre. — Le temps continue à être beau ; par contre, il y a le matin un brouillard pénétrant. J'y ai attrapé un mal de gorge, mais j'ai malheureusement tous les loisirs voulus pour le soigner.

Depuis quelque temps, nous ne sommes plus gardés par des soldats de Landsturm, mais par de jeunes conscrits. Ils n'ont pas l'air gai ; les nouvelles de la guerre, qu'on nous cache avec soin maintenant, doivent être mauvaises. Il ne nous est pas permis de recevoir un journal. Autre excellent indice !

Dimanche 27 septembre. — Nous avons des offices religieux qui sont très suivis. La messe se dit dans le couloir du 1er étage d'un des bâtiments, ou dans la cour lorsqu'il fait beau. ou dans un grenier. Je n'ai jamais assisté à un office plus impressionnant. surtout lorsque 500 voix d'hommes, et quels hommes ? des officiers qui ont tous reçu le baptême du feu, entonnent le *Parce Domine*, ce cri de détresse envers Dieu, qui m'a toujours ému.

Nous ne sommes toujours pas autorisés à donner signe de vie à nos familles. C'est cruel ! Le commandant du fort nous berne de l'espoir qu'on nous l'autorisera dans deux ou trois jours ; or, il y a quinze jours que cela dure ! Nos pauvres familles !

Je suis toujours fort occupé, par la volonté que j'ai de ne pas rester sans l'être. Je lis, j'écris, je traduis de l'allemand, je marche en rond dans la cour.

29 septembre. — Je n'ai pas encore eu l'occasion de parler dans ce journal de mon officier d'ordonnance, le lieutenant d'artillerie territoriale Dereix de la Plane. C'est un officier brave et un brave garçon. Intelligent, travailleur, il a été pour moi un aide précieux, tant pour le travail de bureau que pendant le combat sous le feu. A Torgau, il m'aide à établir le récit du siège, et nous faisons ensemble des traductions d'allemand. Nos caractères sympathisent complètement.

1ᵉʳ octobre. — Nous commençons à nous étonner de ne pas entendre parler des Russes. Les Allemands ne se vantent d'aucun succès sur leur masse principale ; c'est donc que leurs armes ne sont pas victorieuses, si toutefois l'engagement des deux armées a eu lieu ; mais alors la pression des Russes devrait dégager les armées françaises. La seule explication plausible de ce silence serait que l'action de la masse principale des Russes contre l'Allemagne est encore retardée par les lenteurs de leur concentration. Cette hypothèse n'est pas sans nous inquiéter, car l'inaction des Russes nous laisse toute la masse des armées allemandes sur les bras, et c'est un lourd fardeau.

2 octobre. — Les boulangers de Torgau commencent à manquer de farine de bonne qualité. Le pain de table, fait de farine de seigle, devient très médiocre. On doit y mélanger de la farine de pommes de terre, comme le faisait pressentir un journal. Nous nous consolons en songeant que c'est le commencement de la disette pour les Allemands, qui ne peuvent se ravitailler que par l'Italie, peu productrice et peu commerçante sur mer. Nous en subirons, nous autres prisonniers le contre-coup, mais tant mieux ! La chute de l'empire allemand, d'abord !

3 octobre. — Pour nous occuper, nous avons quelques conférences faites par des professeurs ou des amateurs qui sont parmi nous. J'en ai entendu de fort intéressantes et qui dénotent un effort très méritoire de la part de leurs auteurs, puisqu'ils n'avaient aucun document pour les préparer. C'est un passe-temps agréable et instructif.

5 octobre. — Un bonheur dans nos tristesses ! Nous allons enfin ! ! ! pouvoir écrire à nos familles. Nous n'attendons plus que l'indication du mode de correspondance. Ce sera un grand soulagement pour nos parents, et en ce qui me concerne, pour ma chère femme, d'acquérir, dans un temps plus ou moins long, la certitude que nous sommes en vie et à Torgau, où elles pourront nous donner de leurs nouvelles.

6 octobre. — Enfin ! je viens de pouvoir écrire à ma femme un mot très court, pour être sûr qu'il parte, car les Allemands veulent lire toutes nos lettres avant de les expédier. Le principal est de faire savoir que je suis vivant et que ma femme peut me répondre à Torgau. C'est un grand poids de moins pour chacun de nous. Il paraît que l'autorisation était arrivée depuis trois jours ; elle avait même été publiée dans les journaux allemands, mais, sans avoir égard à nos familles, on a pris plaisir à nous faire attendre ; on ne s'est décidé que sur une réclamation officielle du général Fournier adressée au commandant du 4° corps allemand à Magdebourg.

8 octobre. — Des bruits courent qui nous donnent bon espoir. Un journal allemand aurait annoncé la promotion à la dignité de Maréchal des généraux Joffre, de Castelnau, Pau et Gallieni ! Si cela est vrai, ce serait l'indice de victoires certaines. Nos cœurs en bondissent de joie, mais nous voudrions une certitude. Un seul fait est certain, c'est qu'il y a huit jours, les Allemands annonçaient une offensive générale de leurs troupes et qu'ils ne se targuent d'aucun succès même partiel. Ils prennent même de plus en plus de précautions pour nous sevrer de nouvelles. Elles ne doivent donc pas être à leur avantage.

9 octobre. — Certains officiers sont bien peu raisonnables. Il ne nous était permis d'écrire qu'une lettre par jour, parce

que l'autorité allemande veut les lire toutes avant de les
expédier. Certains, ne sachant se plier à aucune gêne, ont
écrit jusqu'à six lettres en un jour. D'où colère du commandant allemand du fort, et réduction des lettres à trois par
semaine. Il y a toujours dans une collectivité quelques mala-
droits dont les écarts retombent sur l'ensemble.

10 octobre. — Un hourrah d'une compagnie de conscrits
allemands passant devant le fort nous a fait soupçonner un
succès à leur actif. C'était exact malheureusement. Anvers
a capitulé. Ainsi cette place qui, par ses fortifications, pas-
sait pour la plus formidable de l'Europe, avec ses ouvrages
bétonnés et ses tourelles, a tenu moins longtemps que la
place de Maubeuge, si peu à hauteur des engins nouveaux !
Nous avons donc, nous, défenseurs de Maubeuge, fait tout ce
qu'on était en droit de nous demander !

18 heures. Une joie ! Il vient d'arriver une lettre de ma
chère femme me donnant de ses nouvelles et de celles des
miens.

12 octobre. — Le temps devient brumeux et humide. La
circulation dans la cour manque d'agrément. Je suis relativement heureux de m'occuper l'esprit par la lecture et le
travail, et je plains les malheureux (ils sont nombreux ici),
qui ne vivent que d'une vie végétative ou qui passent leur
temps à ressasser la malchance qui les a conduits à Torgau.
Pour moi, j'ai conscience d'avoir fait tout mon devoir, et je
ne vois que des avantages à occuper mon esprit à d'autres
pensées. Je fais quelques progrès à mes traductions d'allemand.

13 octobre. — D'après nos calculs, nos premières lettres
doivent être arrivées en France par la Suisse, et être distribuées aujourd'hui. Bien des familles doivent pousser un
soupir de soulagement. Ma pauvre chère femme doit être
rassurée ! Je doute fort que les autorités françaises aient
montré tant de dureté à l'égard des prisonniers allemands !

15 octobre. — Il y a un mois que je suis à Torgau. Comme
je suis toujours occupé à quelque travail ou quelque lecture,
le temps a passé. Mais il me tarde bien d'en sortir, de revoir
ma chère femme et la « douce France ». Il est pénible de
sentir qu'ici nous ne sommes utiles à rien, alors que nos

collègues se battent pour chasser l'odieux Allemand du sol national. On a vaguement parlé d'un échange de prisonniers ; je n'y crois guère.

16 octobre. — Le droit de correspondre est déjà suspendu. Le prétexte est la réorganisation du bureau des traductions ; car les Allemands veulent lire toutes les lettres que nous, écrivons ou que nous recevons. Je l'admets, puisque dans cette guerre, de part et d'autre, on tient, avec raison, à ce qu'aucune indication sur les mouvements de troupe ne s'ébruite et ne puisse gêner les opérations. Mais qu'ils se dépêchent ! Nous attendons avec impatience les nouvelles de nos familles.

Ce matin, les Anglais ont reçu la visite d'un consul des Etats-Unis venu pour vérifier sur place la manière dont ils sont traités. Le général Fournier lui a demandé de prier son collègue d'Espagne (qui est chargé des intérêts des Français) de venir également constater que, sur beaucoup de points, nous sommes traités comme des prisonniers de droit commun, et non comme des prisonniers de guerre. La convention de la Haye est lettre morte pour les Allemands, qui, cependant, l'ont signée.

Qu'on en juge ! Jusqu'au grade de commandant inclus, les officiers sont obligés de faire eux-mêmes leurs lits, de balayer leurs chambres, d'éplucher les légumes pour la cuisine. C'est un lieutenant qui est maître-coq ! Comme officier général, j'ai un ordonnance et une chambre spéciale, faveur insigne. Les lieutenants et capitaines sont groupés dans des remises à voiture, où ils sont jusqu'à 300 dans le même local ; beaucoup n'ont encore comme literie qu'une paillasse sur le sol et des couvertures. Il nous est interdit de le raconter dans nos lettres, parce que les Allemands craignent sans doute des représailles pour leurs compatriotes prisonniers en France. Il nous est aussi défendu de recevoir des journaux même allemands, car nous pourrions en tirer des conclusions sur la marche de la guerre. Nous sommes *au secret.*

17 octobre. — L'autorité allemande va se relâcher un peu de l'interdiction de recevoir les journaux du crû. Il paraît que nous serons, à partir de lundi, autorisés à recevoir une feuille de Torgau, dûment expurgée naturellement par la censure militaire. L'autorité cache même aux habitants les insuccès ou les pertes de leurs armées, afin de maintenir un enthousiasme relatif pour cette guerre. Mais il en filtre quelques aperçus. Le régiment normal de Torgau, le 72ᵉ saxon, aurait perdu plus de la moitié de son effectif, et la désolation serait très grande en ville, beaucoup de réservistes de ce régiment étant de la région.

Dimanche 18 octobre. — Nous avons eu ce matin une messe très suivie. Un très grand nombre d'officiers ont tenu à remplir leurs devoirs religieux. Jamais aucune église n'a eu une assistance aussi nombreuse comme personnel masculin, toutes proportions gardées, que le grenier qui nous sert maintenant de chapelle. On voit que, tous, nous avons vu la mort de près, et que devant l'incertitude de l'au-delà, l'homme reconnaît le Dieu, et se rapproche de lui.

22 octobre. — Un des jours précédents, j'avais publiquement blâmé l'attitude peu digne d'un petit groupe d'officiers à l'égard de l'autorité allemande. Hier à midi, je recevais du gouverneur de Torgau, ordre de me tenir prêt à partir avec mes bagages à 14 h. 30. Aujourd'hui, j'ai été conduit escorté de quatre soldats baïonnette au canon à la prison militaire de Torgau. Vengeance de l'autorité allemande ! Mon officier d'ordonnance, M. le lieutenant de la Plane, a tenu à partager mon sort. Il me donne là une preuve d'attachement que je ne saurais jamais oublier.

Notre prison est, à la vérité, relativement assez confortable, sauf l'isolement. Nous avons des chambres mieux installées que celles du fort. Nous nous nourrissons par le Casino des officiers. Mais nous n'avons personne à qui parler, et sommes réduits à nos propres ressources, M. de la Plane et moi, nous allons traduire force allemand ; un certain nombre de livres allemands sont à notre disposition.

23 octobre. — Pourvu que nous ayons suffisamment de livres, nous arriverons à attendre patiemment le moment de la délivrance. Je suis très heureusement tombé dans le choix de mon officier d'ordonnance. M. de la Plane est un homme sérieux, d'intelligence et de culture générale, et avec qui on peut causer avec confiance sur toute espèce de sujets. Etant réduits aux ressources que nous tirons de notre propre fonds et de nos lectures, nous allons naturellement échanger nos pensées intimes.

24 octobre. — Nous sommes fort heureusement autorisés à écrire à nos familles. Ma femme ne saura pas que je suis à la prison militaire, car elle s'inquiéterait. Je lui dis simplement que j'ai changé de local. Il est, du reste, impossible de donner beaucoup d'appréciations, l'autorité allemande voulant lire toutes nos lettres et se montrant fort chatouilleuse. Il est même arrivé à ce sujet une anecdote plaisante à Bruckenkopf. Un officier ayant écrit « quelle joie quand ce *matin* on nous a permis d'écrire », le commandant du fort a lu quand *le malin* (der Teufel) [l'esprit malin], et 'a pris l'expression pour une injure à sa personne. Là dessus une lettre fulminante au Gouverneur !

Des fenêtres de nos locaux, nous voyons une des principales rues de la ville. Il n'y a aucun mouvement. Quelques soldats (tout le monde de 18 à 50 ans porte l'uniforme maintenant), quelques enfants, quelques femmes en deuil, c'est tout. L'aspect morne de la ville est plutôt pour nous consoler, car il prouve que les Allemands sont inquiets des suites de cette guerre.

Les locaux de la prison et du Conseil de guerre dénotent que le Kaiser dépense sans compter quand il s'agit de l'armée. Nous sommes loin de là en France, où l'on pousse l'économie à l'excès hélas ! dès qu'il s'agit du budget militaire. Nous en voyons aujourd'hui les désastreuses conséquences. Espérons cependant !

25 octobre. — Ici, les journées sont longues. D'abord, mon rapport sur les opérations du siège est terminé ; je me suis pressé de finir les dernières pages dès que j'ai pu prévoir mon départ de Bruckenkopf, et l'ai remis au général Fournier. Nous manquons de livres français, et ne pouvons sans une certaine fatigue traduire trop longtemps de l'allemand.

26 octobre. — Le temps pluvieux ne nous permet pas même de prendre l'air dans le préau de la prison. Heureusement que deux livres français viennent de nous parvenir. Ils nous aideront à passer quelques heures.

27 octobre. — Nous avons ici des journaux allemands. Nous y avons lu hier soir avec un vif plaisir que le Kaiser venait de relever de son emploi le généralissime de Moltke. Il ne suffit pas de porter le nom d'un grand général pour être un véritable stratège. Le prétexte : une maladie de foie ; mais je penche fort à croire que le motif réel est le peu de progrès des attaques allemandes. Nous les contenons et le Kaiser s'impatiente.

Par contre, les Russes ne progressent pas ; les diverses armées sont immobilisées en face les unes des autres. C'est une guerre d'usure et non de victoires décisives. Nous tiendrons bon, j'en suis certain. J'espère que l'impatience du Kaiser l'aménera à quelque faute que nous lui ferons payer cher.

De nos fenêtres, nous voyons passer des recrues. Jusqu'ici nous étions frappés de les voir toujours habillées et équipées de neuf. Mais celles qui sont passées hier avaient des vêtements défraîchis, évidemment les fonds de magasin. Il y avait des hommes de tout âge, et plus ou moins mal bâtis. Ces gens là ne seront en état de porter les armes que dans plusieurs mois.

28 octobre. — J'ai enfin reçu hier des nouvelles directes de ma famille. C'est un grand soulagement pour moi que de la savoir rassurée. Qu'il a fallu de temps pour avoir cette certitude ! La chute de Maubeuge est du 7 septembre, et nous sommes le 28 octobre ; *un mois et vingt et un jours !* C'est là la civilisation allemande ! ! et la Croix-Rouge allemande ! !

29 octobre. — Les journaux allemands sont moins vantards sur leurs succès. Leurs armées sont contenues partout, et s'ils gagnent péniblement quelques kilomètres du côté du Nord de la France, ils en perdent sur le reste du front et en Pologne. D'ailleurs le changement du généralissime est un symptôme. Cela nous rend confiance, et nous espérons.

Nous espérons la victoire, qui, dans la guerre actuelle, nous est bien due, car le bon droit est sans conteste de notre côté. Nous n'avons pas cherché cette guerre. La prétention de l'Allemagne à l'hégémonie en Europe l'a imposée, et elle a débuté par une infamie, dont Guillaume ne pourra jamais se laver dans l'Histoire, la violation de la neutralité belge.

Une joie ! j'ai reçu une lettre de ma chère femme et une de ma sœur en réponse à mes premières cartes. Elles vont bien. Mes beaux-frères et mon neveu ne sont ni blessés ni prisonniers. Dieu soit loué !

30 octobre. — Les journaux allemands annoncent eux-mêmes leur retraite devant les Russes en face de Varsovie. Est-ce le mouvement débordant si attendu des Russes ? Dans la région de Nancy, nous avons repoussé l'ennemi jusqu'à la frontière. C'est un commencement. J'espère que nous continuerons.

M. de la Plane et moi, réjouis de ces nouvelles, nous avons passé la soirée plus gaiement.

2 novembre. — Jour des morts ! Pour combien, en ce jour de prières, allons-nous demander à Dieu d'accorder le pardon de leurs fautes et le bonheur éternel ? Que de victimes fait cette guerre avec ses engins terribles ! Et toutes ces hécatombes d'hommes jeunes et vigoureux, pour satisfaire l'orgueil et l'ambition de Guillaume II ! Quel compte effrayant cet homme là devra rendre au Grand Juge lorsque son tour viendra de mourir, lui aussi ! S'il pense, en ce jour consacré dans sa religion comme dans la mienne à ceux qui sont morts par son ordre, son âme doit frémir.

3 novembre. — En causant avec de la Plane, nous nous remémorions les circonstances où nous aurions pu être tués ou blessés. Nous avons l'un et l'autre fait tout notre devoir. Or, dans un siège, on ne peut faire son devoir sans courir de réels dangers. Je ne parle pas de la possibilité d'être atteint au cantonnement par un projectile plus ou moins égaré. Nous en entendions tellement faire vibrer toutes les vitres que nous y étions habitués et dormions parfois avec cette musique. Les circonstances où le danger a été le plus précis sont les suivantes :

Dans la nuit du 30 au 31 août, je me portais à cheval à 21 heures vers l'Epinette pour y contre-attaquer le cas échéant l'ennemi qui cherchait à enlever le fort de Boussois. A 100 m. environ en avant de moi, une salve de projectiles d'artillerie éclate, pendant que d'autres obus sifflent sur les côtés. Une seconde, je me demandai comment je pourrais passer au milieu des projectiles, mais je me dis que j'avais déjà fait le sacrifice de ma vie en partant pour Maubeuge, et que le devoir était de passer. Je lançai donc mon cheval à vive allure. Des obus sifflèrent au-dessus de ma tête et sur les côtés et éclatèrent derrière moi. C'était fait, je n'étais plus dans la zone dangereuse. Le tir s'allongeait et cessait bientôt dans cette direction. C'était mon baptême du feu !

Le 4 septembre, j'avais d'abord établi mon poste de commandement au carrefour d'Assevent, dans le grenier d'une maison d'où l'on voyait une partie du champ de bataille. Deux fois des obus éclatant au-dessus du toit couvrirent les ardoises de balles ; un éclat traversa même la toiture et vint tomber à mes pieds pendant que je causais avec le général Fournier qui était venu s'entendre avec moi.

Le 5 la maison à côté de celle où je me tenais fut démolie par un projectile de gros calibre. 10 m. plus à droite, mon état-major et moi, nous étions écrasés.

Toute la journée du 5, la nuit du 5 au 6, et la matinée du 6, je restai avec mes officiers et mon personnel dans le talus en déblai de la route d'Assevent à Elesmes. Des projectiles de tous calibres tombaient autour de nous. Des officiers et des hommes furent tués ou blessés à peu de distance. Je reçus sur l'épaule une balle morte qui avait ricoché et ne me fit aucun mal.

Le 6 dans l'après-midi, pendant une reconnaissance en avant du Moulin Brulé, plusieurs balles sifflèrent autour de nous et nous obligèrent à nous masquer derrière une haie.

Deux heures après, sur la route de Mons, plusieurs balles sont venues s'écraser sur le pavé à ma hauteur et à 1 m. de moi. De la Plane en entendit siffler à ses oreilles en allant exécuter un ordre. Le capitaine Gérard officier de liaison, en allant sur mon ordre à peu de distance se rendre compte d'un incident, fut blessé à la hanche très grièvement.

Enfin, le 7 vers 10 heures du matin, nous nous trouvions au carrefour de Douzies entre deux batteries françaises sur lesquelles l'ennemi dirigea un feu violent toute la matinée. Nous étions assis sur la route adossés à un pignon. Plusieurs projectiles frappèrent la maison, brisant toutes les vitres. Je venais de me lever pour examiner les dégâts quand un nouveau projectile éclata, et un éclat de 7 à 8 centimètres de long sur 2 de large traversa en plein la chaise dont je venais de me lever. Deux minutes plus tôt, j'étais certainement blessé. Sur le premier moment, j'en rendis grâce à Dieu ; mais plus tard, j'ai regretté amèrement de n'avoir pas à ce moment été mis hors de combat. En effet, la lutte était finie, il n'y avait plus qu'à attendre les détails de la capitulation qui était inévitable, j'aurais évité les incidents très pénibles qui ont clos mes opérations de combat, et le spectacle attristant du défilé de mes troupes prisonnières. En outre, mon inaction depuis deux mois aurait une cause glorieuse, au lieu de la triste captivité.

4 novembre. — Grâce aux occupations que nous nous imposons, le temps arrive à passer. Chaque soir nous nous disons : Encore un jour d'écoulé. Chaque jour nous rapproche de celui de la délivrance. Quand viendra celui-là ?

5 novembre. — Voilà plusieurs jours sans recevoir de lettre. Pourtant je suis sûr que ma femme m'écrit très souvent. Mais comment marche la poste internationale ? Et puis la décision des Allemands de lire toutes nos lettres complique singulièrement ce service.

7 novembre. — Les journaux allemands parlent de leur retraite en Pologne. Est-ce enfin la masse russe qui les déborde ? Il faudrait que les Russes puissent envahir la Prusse et menacer Berlin. L'Allemagne devrait alors appeler vers l'Est une partie de son armée de l'Ouest et nous retrouverions une supériorité numérique qui nous permettrait de les chasser de France. N'est-ce qu'un rêve que je forme là ? Ou bien la destinée apportera-t-elle la réalisation ? Ce serait une consolation à nos tristesses actuelles.

Il y a aujourd'hui deux mois depuis la capitulation de Maubeuge.

8 novembre. — Nous manquons à l'Arrest-Haus de livres français. Et nous ne recevons plus de lettres de France. Triste journée. Il est impossible de traduire de l'allemand plus que nous ne le faisons. C'est à la longue une vraie fatigue. Deux à trois heures par jour de cet exercice, c'est tout ce que j'en puis faire. Cela ne suffit pas pour occuper la journée. La lecture nous serait un précieux aide.

9 novembre. — Bonne journée : Un télégramme de ma femme, un envoi de livres de Bruckenkopf et la chute de

Tsingtau ! Trois événements ! Ma femme s'inquiète de ne pas recevoir de lettre. Mais moi non plus, je n'en reçois guère, et je suis sûr qu'elle écrit souvent. Heureusement des télégrammes par la Croix-Rouge Suisse nous rassurent l'un l'autre.

Sur l'état d'esprit des hommes de nos jours, je relisais une page bien véridique de Bourget. Il y fait un portrait frappant de l'arriviste. « Sa religion tient dans un seul mot « Jouir » qui se traduit par cet autre : Réussir ! Il n'a que lui-même pour Dieu, pour principe et pour fin ! Il n'estime que le succès, et dans le succès l'argent ». Hélas ! que nous en avons eu de ces arrivistes depuis quelques années ! Il y en a eu de tout temps, mais quelle floraison dans ces temps-ci ! La guerre va-t-elle ramener la France à une plus saine théorie de la vie, et à y joindre « l'idéal » sans lequel il n'y a que la bestialité ?

13 novembre. — Nous suivons sur la carte avec le plus vif intérêt le recul des Allemands et des Autrichiens en Pologne. C'est là le nœud de la question. Puissent les Allemands être contraints de transférer à l'Est une partie des troupes qui nous combattent en France ! Les journaux allemands insistent peu sur le théâtre des opérations de Pologne depuis quelque temps. Ils évitent tout ce qui pourrait diminuer l'élan patriotique, que, nous devons le reconnaître, les Allemands savent à merveille entretenir. Le Chauvinisme est mieux établi chez eux que chez nous ; mais il s'appelle Pangermanisme.

17 novembre. — Je reçois plus souvent des lettres de ma femme ; la durée de leur trajet est très variable, de huit à quinze jours. Ma femme parle de venir me rejoindre à Torgau. Hélas ! Quelle illusion ! D'ailleurs elle ne sait pas que je suis *en prison*. Je ne le lui ai pas dit, et ne le lui dirai pas ; je lui laisse croire que je suis dans une caserne quelconque. Je ne veux pas qu'elle s'inquiète, ce qui ne manquerait pas d'arriver, malgré tout le courage dont elle fait preuve. Nous ne nous reverrons qu'en France, mais quand ? Les événements ne marchent pas vite. Les Russes viennent d'avoir un échec en poursuivant la retraite des Allemands. Je n'ai pas grande confiance dans leur valeur stratégique ! j'espère seulement en leur nombre. Mais combien ont-ils pu mettre sur pied de corps d'armée ? Ont-ils le matériel, les approvisionnements indispensables pour leurs masses ? Et puis, leur attention est attirée sur trois théâtres. Perdront-ils de vue qu'un seul est décisif, celui de l'Allemagne ?

19 novembre. — Pour occuper mon esprit, j'entreprends de mettre par écrit les souvenirs de mon enfance et de ma jeunesse. N'ayant pas d'enfants, ces souvenirs ne pourront intéresser tout au plus que ma femme et ma sœur. Mais ce sera une manière moins futile que d'autre de passer le temps de ma captivité.

20 novembre. — Nous sommes anxieux de savoir si la défaite partielle des Russes à Kloclavek est de nature à arrêter leur offensive. Peut-être n'est-ce qu'un épisode malheureux dans une opération de vaste envergure. Les Allemands sont dans la jubilation et portent aux nues le général Hindenburg. C'est évidemment un stratège ; mais ses succès seront-ils décisifs ? Nous souhaitons ardemment que non. La France a besoin que l'Allemagne soit envahie à l'Est pour qu'elle soit obligée de se dégarnir à l'ouest.

De nos fenêtres, nous voyons presque chaque jour passer des troupes, des recrues ou des Landsturm qu'on instruit. Comme troupes, elles ne font pas mauvaise impression. A l'allure martiale sous les armes, on voit bien que le peuple allemand est discipliné et militaire dans l'âme. La guerre durera plus longtemps peut-être que je ne le pensais, car la totalité des ressources n'est pas encore sur le front. Les journaux exaltent tant qu'ils peuvent le sentiment national ; ils ne parlent jamais que de leurs succès ; les pertes sont passées sous silence, mais nous pouvons rétablir la vérité en compulsant les listes de morts, blessés ou diparus qui sont publiées pour la région et qui sont chaque jour de plusieurs pages.

21 novembre. — Nous commençons à connaître quelques particularités de la vie matérielle allemande par l'usage que nous en faisons. Quelle singulière literie ! J'ai une paillasse et un matelas en crin ; c'est fort peu moelleux ; j'ai bon sommeil et dors quand même. Pour draps, une bande de toile étroite qui recouvre juste le matelas, sans border, et un sac dans lequel l'usage allemand est d'enfiler les couvertures, mais également étroit, ne pouvant se border. Il en résulte qu'on ne peut dormir que sur le dos, immobile ; au moindre mouvement, tout fiche le camp, et l'on prend froid. Pour ma part, j'utilise autrement ce matériel de lingerie. Dans le sac, j'enfile le matelas, ce qui fait que je suis étendu sur un drap bien bordé, l'autre drap ne l'est que d'un seul côté et me couvre tant bien que mal. Comme couverture, j'ai heureusement pu profiter d'une couverture française, celle-là, et qui vient de Maubeuge, un peu plus large, et me permettant de rester au chaud même quand je change de position.

Les serviettes sont des bandes étroites et très longues, peu commodes.

A l'Arrest-Haus nous faisons venir nos repas du casino des officiers. C'est donc la cuisine allemande. La viande est de bonne qualité. L'accommodement en est peu varié ; le plus souvent, elle est enveloppée d'une couche de pâte et frite. Très fréquemment, elle est servie en hachis, enveloppée toujours dans la pâte et frite. Des pommes de terre bouillies ou parfois sautées, à tous les repas sans exception. Elles remplacent le pain dont on ne sert qu'un très petit morceau. Légumes détestables par exemple. Accommodement sans aucun goût ; un peu d'eau, de sel et de farine. Du chou, le plus souvent, parfois aux deux repas de la journée. Ce chou est un peu sucré, souvent de couleur rouge foncé. Rarement, ce qui m'étonne, de la choucroute. C'est cependant sous cette forme que le chou allemand est préférable ; la fermentation lui donne un petit goût acide qui le rend plus agréable au palais.

Comme boisson, de la bière. A Bruckenkopf, le commandant d'armes avait interdit les bières alcooliques. Nous y avions une variété de Malt Bier passable. A l'Arrest-Haus, nous recevions d'abord de l'excellente bière de Munich ou de Strasbourg. Un beau jour, le surveillant de la prison a prescrit la Malt Bier. Il nous fut apporté une mixture inbuvable. Heureusement, nous apprîmes que le surveillant lui-même vendait de la bière aux hommes de garde. Depuis, c'est lui qui nous la fournit. Il y trouve son compte, et nous aussi.

22 novembre. — Il a fortement gelé cette nuit. Je plains les pauvres soldats et officiers qui couchent dans les tranchées par des froids pareils.

Depuis hier, nous avons ordre de ne plus écrire à nos familles qu'au crayon. Que veut dire cette brimade ? Sans doute l'autorité allemande fera-t-elle effacer ou modifier les appréciations qui ne lui plairont pas sur les traitements qui nous sont infligés. Pour ma part, je m'abstiens scrupuleusement de ne rien apprécier. Je me borne à dire que je vais bien et que ma vie matérielle est assurée.

23 novembre. — Les Allemands ont porté aux nues la grrrande victoire d'Hindenburg sur les Russes. Nous en avions eu une vive émotion. La science stratégique des Russes ne nous inspire qu'une confiance limitée. Mais le fait que les armées allemandes et austro-hongroises sont maintenues, que le recul des Russes est arrêté, prouve bien qu'il y a eu surprise des avant-gardes qui sont tombées dans un piège habile, mais non déroute. Si donc les Russes savent employer leur supériorité numérique, la situation peut être rétablie ; leur marche en avant reprendra, et les Cosaques fouleront aux pieds le sol allemand. Je reprends espoir.

Samedi dernier, plusieurs détachements sont partis, pour la Russie, nous a dit un homme de garde. On voit du reste circuler moins de soldats.

24 novembre. — Première chute de neige. Le peu de paysage que nous apercevons de nos fenêtres prend un aspect d'autant plus triste sous ce blanc linceul. Libre, je trouvais lugubre la campagne blanche de neige ; mais captif, j'ai une impression d'autant plus pénible que ma pensée se reporte vers nos pauvres combattants qui tiennent la campagne par un temps pareil. Si l'on en croit les journaux, les intempéries seraient bien plus déchaînées dans le Nord de la France que dans ces régions-ci. Nous nous attendions au contraire à souffrir du froid en Saxe plus qu'en France.

25 novembre. — La bataille de Kutnoplock a eu pour effet d'arrêter la marche en avant des Russes ; mais cet arrêt paraît momentané. Du moment que depuis 8 jours les Allemands n'ont pas réussi à les rejeter sur Varsovie, j'ai bon espoir, ils ne sont pas en état de le faire ; les Russes reçoi-

vent des renforts ; toute leur masse d'hommes est encore
presque intacte, tandis que les Allemands ont sur le front
presque la totalité de leurs ressources. Si les Russes ont tant
soit peu d'énergie et d'habileté, ils doivent refouler les Allemands et les Autrichiens. J'espère qu'alors les Allemands
devront dégarnir leurs lignes de France et que nous finirons
par venir à bout de leur pénétration sur notre sol national.
Je suis avec anxiété les nouvelles du théâtre polonais de la
guerre.

26 novembre. — Rien d'important sur ces combats. Il faut
s'armer de patience.

Il paraît que les officiers anglais ont quitté Bruckenkopf.
J'ignore ce qu'il sont devenus. La haine des Allemands
pour les Anglais se manifeste chaque jour dans leurs journaux. Peut-être les a-t-on envoyés dans une localité où l'installation soit plus désagréable.

27 novembre. — Je viens d'apprendre qu'on les a dirigés
sur Magdebourg. Est-ce pour faire de la place à de nouveaux
officiers français ? Depuis hier soir flotte sur la Kommandatur le drapeau de l'Empereur : Aigle Noir sur fond blanc.
C'est en général un mauvais présage. Ont-ils refoulé les
Russes ? Je le crains. Notre séjour ici va se prolonger hélas !
J'avais espéré en sortir pour la Noël ; il faudra s'armer de
patience encore pour plusieurs mois. Les Russes ne pouvaient réussir que par une invasion en masse ; et ils se font
battre en détail !

28 novembre. — Le froid qui paraissait prendre sérieusement ces jours-ci a déjà cessé. Il dégèle et le ciel est pur
ce matin et sans nuages avec un beau soleil. Puissent nos
combattants être favorisés d'une température aussi clémente !
Il passe souvent sous nos fenêtres des chevaux de réquisition, que quelques soldats promènent en main. Chaque
homme conduit tantôt 4, tantôt 5 chevaux à la fois. C'est une
belle race de carrossiers. J'admire leur sagesse. Ils font
parfois de longs arrêts devant nous. Pas un coup de pied,
pas un pied qui gratte le sol, pas un hennissement. Ils sem-
blent disciplinés, comme les hommes de cet empire ; en
France, ce serait la foire aux coups de pied. Peut-être
est-ce lymphatisme, peut-être dressage ; je pencherais plutôt
pour le manque de sang.

Dimanche 29 novembre. — Les combats en Pologne continuent avec acharnement, la décision ne tombe pas, suivant l'expression allemande. Je me reprends donc à espérer la victoire des Russes. Pourvu qu'ils amènent en temps voulu leurs immenses masses ! Les Allemands reconnaissent ce danger, mais se réjouissent de voir que jusqu'ici les Russes se sont fait battre en détail. Ces derniers ouvriront-ils les yeux à l'évidence ? Nous en aurions besoin.

30 novembre. — Les événements sont stationnaires en Pologne comme en France. Les Allemands sont contenus, mais pas encore repoussés. Or, presque toutes les recrues et landsturms que nous voyions passer en ville sont partis pour la Pologne ou pour la France. L'Allemagne donne en ce moment un puissant effort. S'il n'aboutit pas, la masse russe qui n'a pas encore produit sa pression pourra, j'espère, les rejeter et porter la guerre en Prusse. Nous pourrons alors les chasser de chez nous. Mais il faut une fermeté et une persévérance hors de nos habitudes. Pourrons-nous tenir ce jeu jusqu'au bout ?

2 décembre. — Le gouvernement allemand fait une campagne pour que les prisonniers français déclarent qu'ils sont bien traités ; le lieutenant allemand demande que je fasse une semblable déclaration à ma famille pour pouvoir la publier sans doute. Je ne ferai rien ; je ne me suis jamais plaint, mais j'ai trop sur le cœur mon départ de Bruckenkopf. Ils ne veulent même pas nous remettre les mandats d'argent que nous envoient nos familles. Quoique général, je touche un traitement mensuel de 100 marks par mois, et cela doit me suffire ; c'est contraire à la convention de la Haye, mais l'Allemagne et le droit des gens... ?

4 décembre. — Il arrive à la Kommandatur encore des recrues, les hommes non exercés de plusieurs classes. J'avais espéré que l'Allemagne avait déjà employé toutes ses ressources. C'est donc un renfort nouveau en perspective ; c'est une prolongation de la guerre à envisager ! Hélas ! Nous ne sommes pas encore à la veille de sortir de Torgau !

5 décembre. — Je viens d'être avisé que j'allais changer de prison. Je vais quitter Torgau pour être interné à Burg près de Magdebourg. Notre isolement va prendre fin. Grâce

à la charmante nature de de la Plane, et à notre bonne entente, nous avons vu les jours succéder aux jours sans trop de
longueur, mais je ne serai pas fâché de revoir quelques officiers français.

6 décembre. — Nous sommes intrigués par des préparatifs
que font les Allemands pour installer une nouvelle chambre
d'officier près des nôtres. On parle d'un lieutenant français.
Le malheureux sera bien isolé si nous partons. L'exil est
supportable à deux lorsque l'on peut échanger ses idées et
ses impressions ; mais seul, entouré d'Allemands, ce doit
être des plus pénibles. On m'a heureusement évité ce désa-
grément, et j'ai eu la chance d'avoir un compagnon des plus
charmants en de la Plane.
Nous partons demain à 1 heure pour Burg.

N.-B. — La série de mes notes de captivité entre le
7 décembre et le 28 décembre a été subtilisée par l'autorité
allemande lors d'une fouille, et ne m'a pas été rendue malgré mes réclamations. J'ai essayé de la reconstituer de
mémoire.

7 décembre. — Prévenu que, de la Plane et moi, nous
serons conduits au camp de Bruckenkopf pour y être joints
à une colonne à destination de Burg, je demande à y être
conduits trois ou quatre heures avant le départ afin de pouvoir me retrouver un peu avec mes anciens compagnons, en
particulier le général Fournier, et apprendre d'eux, si possible, quelques nouvelles de France. L'autorité y consent ;
nous avons donc le plaisir d'échanger nos impressions. Mais
nos camarades n'en savent guère plus long que nous sur les
événements. Nous avions réussi à nous procurer en fraude
des journaux moins truqués, même à la prison. O puissance du pourboire sur une mentalité boche !
Partis à 13 heures avec une colonne d'une centaine d'officiers, nous arrivons à Burg le même jour, à la nuit, par une
pluie torrentielle. La cour du camp n'est qu'une vaste flaque
d'eau et de boue liquide. Je suis conduit avec de la Plane
dans la chambre où nous devons être logés. C'est un grenier,
commun à 12 officiers, 3 français, 3 anglais, 3 belges, 3 russes. Nos nouveaux camarades ont eu l'amabilité de nous préparer un souper et des boissons chaudes. Après quelques

phrases de conversation, nous nous couchons. Mon lit se compose d'un chalit en fer avec planches, une simple paillasse, 2 draps trop étroits pour pouvoir border, et 2 couvertures grossières. Je n'ai jamais de ma vie été si mal couché ! Nos soldats dans les casernes ont une literie meilleure, plus confortable. Aucun mobilier ; de grandes étagères ayant servi à empiler des harnachements, 3 petites tables et 12 chaises, c'est tout. Pas de toilette, une cuvette de fer blanc par tête, et 2 seaux par chambrée.

La pièce est un ancien grenier, servant de magasin à harnachement au-dessus d'une remise à voitures de mobilisation. Voilà ce que les Allemands ont trouvé pour loger un officier général !

8 décembre. — Nous faisons plus ample connaissance avec nos compagnons. Le troisième Français est un jeune médecin auxiliaire. Les trois Belges sont trois majors, tous trois bons camarades. Les Anglais sont le colonel Gordon, aide de camp du roi, d'allure distinguée mais un peu froide, souffrant souvent d'une ancienne blessure, un major, et un capitaine de highlanders, très brave garçon. Les Russes, un colonel en sous-ordre, un lieutenant-colonel (commandant de bataillon), et un capitaine-mitrailleur ; les Russes parlent fort peu le français, mais les Anglais le savent assez bien ; la plus franche harmonie règne entre nous tous.

Il est indécent d'avoir logé dans un pareil taudis des officiers de nos grades et de nos âges. Cela nous présage un triste séjour !

Nous nous étions tout naturellement groupés de prime abord par nationalité ; l'autorité allemande exige que les lits soient placés en alternant les nationalités. Qu'espère-t-elle ? Sans doute nous brouiller les uns avec les autres. C'est d'ailleurs ce que m'avait laissé entendre un officier allemand qui m'avait dit ironiquement : « Nous voulons vous faire connaître vos alliés ». Mais ils auront une déception. Nous sommes tous décidés à faire bloc contre les Allemands.

9 décembre. — Le commandant du camp, un capitaine de landwehr, conseiller à la cour de Leipzig, haut magistrat par conséquent, manque de la plus élémentaire réserve. Il nous traite comme les bandits qu'il a l'habitude de juger. Il fait exécuter dans la cour par les hommes du poste des feux de salve à blanc pour nous intimider sans doute ; il n'arrive qu'à soulever nos moqueries. Il ne peut dire un mot sans crier à tue-tête. Ses soldats en ont peur, mais, nous, non. Dès qu'il paraît, la cour se vide pour ne pas avoir à le saluer.

Ce matin, il nous a fait défiler devant lui. J'ai eu cette humiliation comme les autres, mais je ne l'ai pas salué le premier ; j'ai, comme il était prescrit, dit mon nom et mon grade et j'ai attendu qu'il saluât le premier ; je lui ai rendu le salut militairement.

10 au 28 décembre. — Notre temps s'écoule avec monotonie. Nous achetons quelques livres mis en commun. La cour, étroite et boueuse, se prête fort mal à faire de l'exercice. Nous y tournons cependant en rond pour prendre l'air, tout en causant.

Une salle du camp a été transformée en chapelle, commune aux trois cultes, catholique, protestant et grec ; nous avons un prêtre de chaque religion.

Les offices du dimanche sont très suivis. Les offices des divers cultes se succèdent avec une touchante fraternité. Je suis allé écouter un service grec pour entendre les chants curieux et les belles voix de basse profonde des Russes.

J'ai écrit à l'ambassadeur d'Espagne à Berlin pour lui demander de faire visiter le camp de Burg, mais je n'ai pas même reçu de réponse et personne n'est venu. Les Anglais, plus heureux, ont eu la visite d'un représentant de l'ambassade d'Amérique. Je lui ai demandé de faire connaître notre pénible situation à l'ambassade d'Espagne, ce qu'il me promet ; mais cette nouvelle intervention ne donne non plus aucun résultat.

N.-B. — Ici reprend le *Journal* écrit en Allemagne.

28 décembre. — Ce matin, il a été procédé à une fouille générale de quelques officiers par chambre. Mes bagages ont été l'objet d'investigations particulièrement minutieuses. Mes cantines ont été déballées, et tout mon linge, surtout mes serviettes et mouchoirs, a été examiné *pièce par pièce*. Les *initiales* des serviettes et mouchoirs ont été vérifiées *une à une*. Il a fallu expliquer pourquoi une ou deux serviettes portaient l'initiale du nom de famille de ma femme. On a examiné également si les mouchoirs ne portaient pas trace d'initiale enlevée ! ! On n'agit pas autrement avec des voleurs qu'on vient d'arrêter.

J'avais aussi un paquet de fleurs de tilleul pour faire des infusions chaudes en raison d'un mal de gorge, et me donner un peu de sommeil, car je dors très mal ici. Il a fallu en expliquer la provenance ! !

Tous mes papiers qui comprenaient : le journal de ma captivité, les mémoires de ma jeunesse, quelques traductions d'articles de journaux allemands, et la note des observations que je compte soumettre à l'attaché de l'ambassade d'Espagne s'il vient visiter notre camp, m'ont été pris pour être examinés à loisir.

29 décembre. — En ce moment, les Anglais paraissent recevoir quelques égards plus marqués, depuis la visite du secrétaire de l'ambassade des Etats-Unis. Le colonel Gordon a reçu d'Angleterre une boîte de friandises. Des plus aimables, il a voulu nous en donner une part à tous. Nous sommes très sensibles à ses bons procédés qui ne peuvent que resserrer les liens d'amitié de nos pays.

30 décembre. — Un médecin allemand, âgé, est venu m'ausculter, par ordre, *pour vérifier si mon état de santé motivait des infusions de tilleul.* Il a déclaré que je recevrais seulement les remèdes qui me seraient désignés, après avoir palpé *à bout de bras* mes pectoraux et mon ventre ! ! Singulière façon de m'ausculter pour un mal de gorge !

31 décembre. — Pour finir l'année 1914, nous avons eu ce matin un service religieux pour les âmes des soldats morts pour nos patries. L'assistance était très nombreuse ; les Belges naturellement puisqu'ils sont catholiques, beaucoup de Russes et quelques Anglais étaient présents. L'abbé a prononcé une petite allocution très bien sentie. Nous ne pouvons mieux finir l'année qu'en songeant à nos morts.

Nous songeons aussi à nos pauvres familles qui sont dans l'angoisse.

Avant de nous coucher, nous échangeons entre alliés nos vœux de nouvel an.

1ᵉʳ JANVIER 1915. — Il est triste de commencer l'année en captivité. Ce qui console, c'est de voir que l'adversité a resserré les liens qui nous unissent entre compagnons de misère. Ce matin tous les officiers français sont venus, par groupes ou en députations, m'exprimer leurs vœux. Aux témoignages de respect, ils ont joint des marques de leur affection. J'en ai été très touché. Nous échangeons aussi nos vœux d'une nation à l'autre.

2 janvier. — Singulier climat que celui de ce pays. Pendant un ou deux jours, il gèle ferme, puis brusquement la température se relève pendant quelques jours pour subir encore un nouveau refroidissement. L'action de la lune paraît moins marquée ici que dans notre climat de France. J'ai attrapé un refroidissement qui se promène de la gorge à la poitrine. Nous n'avons pas le confortable qu'il faudrait pour une guérison rapide.

A partir d'aujourd'hui, il n'est plus permis de recevoir le *Berliner Tagblat*. Le *Magdeburger Zeitung* seul peut nous parvenir... il est probablement plus pangermaniste que l'autre. Vers midi, le commandant du camp me fait appeler. Discussion à propos d'un mot inséré dans mes papiers personnels (récit de ma captivité) qu'on a saisis dans la fouille de mes bagages. Il veut m'obliger à lui parler dans l'attitude d'un simple soldat devant son supérieur. Comme mes talons ne sont pas collés l'un contre l'autre, il déclare que j'aurai *3 jours de prison ! ! !*

Un instant après, je suis conduit, entre trois soldats qui ont au préalable chargé leurs armes devant moi, à la prison des soldats du quartier d'artillerie. *J'y suis mis en cellule comme un simple soldat allemand.* On m'a pris tout ce que j'avais sur moi, même mon lorgnon et mes bretelles. J'ai pû me faire rendre mes bretelles un peu plus tard, grâce à l'intervention d'un officier. La cellule a 2 m. sur 3 m. 50, contient un lit de camp, une table, un escabeau ; la petite fenêtre est munie d'une hotte. A 4 heures on n'y voit plus, et il m'est interdit d'avoir aucune lumière. Je suis autorisé à faire venir mes repas à mes frais de la cantine des sous-officiers, et dois dîner de cacao chaud et de saucisse froide en pleine obscurité. Le soir, on m'apporte une paillasse, un drap, un sac et deux couvertures, qu'on me reprend au réveil.

Je dois à la vérité de déclarer que les soldats, les sous-officiers et l'officier qui sont venus me parler ont été très corrects. Ils ont même changé ma cellule, parce que la première était trop froide. Ne pouvant avoir aucun livre, je réfléchis longuement à ma situation. Je ne suis nullement abattu. Je suis au-dessus de cela. Je refléchis même à la question du pardon des offenses que je n'avais jamais eu à ce degré l'occasion d'approfondir.

La nuit se passe sans incident, de même que la matinée du 3.

Le 3, vers 2 heures du soir, on vient me chercher. A la porte, sont des hommes en armes. Nous descendons un étage ; on ouvre une cellule : je crois qu'on veut me mettre dans un nouveau local, mais je vois sortir le capitaine territorial français R... qui avait été mis en prison pour un motif analogue au mien. A notre grande surprise, le sous-officier nous rend toutes nos affaires, et nous apprend que nous allons rentrer au camp. A notre arrivée au camp, nous avons été salués par une ovation de tous les officiers des quatre nations. Tout le monde voulait nous serrer la main, ayant pris grande part à notre incident. J'en ai été très touché. J'ai constaté combien tous les prisonniers étaient en communion de sentiments avec moi.

4 janvier. — Ce matin, je remarque plus d'égards qu'avant chez plusieurs officiers et sous-officiers allemands. J'ignore encore quelle est l'intervention qui m'a fait sortir de cellule, sans doute celle du haut commandement qui a craint des représailles sur les généraux allemands.

6 janvier. — Depuis plusieurs jours, nous n'avons plus aucun journal. Que se passe-t-il donc ? Si les nouvelles étaient bonnes pour les Allemands, ils ne nous les cacheraient pas. Je veux profiter de la présence d'officiers anglais très aimables dans la chambre, pour réapprendre leur langue. Je lis un de leurs livres, le dictionnaire à la main, et j'échange quelques mots avec eux. C'est une occupation de plus, je n'en aurai jamais trop.

7 janvier. — Nous recevons de nouveau un journal, mais seulement le *Magdeburger Zeitung*. La rente française monte. Bon signe.

8 janvier. — Les journaux allemands laissent entrevoir un succès de nos armes en Haute-Alsace et au Nord. Cette pensée nous aide à prendre notre captivité en patience. L'Allemagne doit souffrir du manque de blé, car le K-Brot (pain avec farine de pomme de terre) devient obligatoire dans les buffets de gare, et même à la table de l'empereur.

9 janvier. — Les tempêtes de neige et de vent ont cessé. Il fait assez beau et assez doux pour la saison. Les promenades dans la cour interrompues ont repris ce matin.

11 janvier. — Notre intimité entre alliés va tous les jours en augmentant. Tous sont à mon égard d'une amabilité ou d'une déférence qui me touche. Mes compagnons de chambrée ont mille attentions gracieuses pour moi. Aussi j'ai pris mon parti d'être logé dans un grenier, indigne d'un officier général, puisque la chambrée commune, malgré l'inconvénient de ne pas pouvoir s'isoler ni se recueillir un seul instant, donne à ces témoignages de sympathie de plus nombreuses occasions de se manifester.

Un officier russe est mort à l'hôpital de Burg, des suites d'une blessure. C'est le sort le plus triste de tous, de mourir ainsi loin des siens, loin de ses camarades, sans même être certain que ses restes reposeront un jour dans la mère patrie, pour que ses parents puissent avoir la consolation de venir prier sur sa tombe. Mieux vaut mille fois tomber à la tête de ses troupes dans la fièvre du champ de bataille. Etrange chose que la destinée et comme elle est parfois injuste ! On traite de héros celui qui meurt en combattant, et l'on n'accorde que de la pitié, et pas la gloire au prisonnier qui meurt dans un hôpital ennemi des suites d'une blessure. Et cependant, tous deux ont couru les mêmes dangers ; la mort a été plus cruelle pour le second que pour le premier !

Nous nous cotisons pour offrir une couronne au nom des alliés, et chaque nation enverra un officier en délégation aux obsèques de ce malheureux officier.

12 janvier. — La cérémonie s'est très bien passée. Les Allemands ont été très corrects en cette circonstance.

Dans nos rapports quotidiens, les procédés paraissent d'ailleurs empreints de meilleures dispositions. Il n'y a plus eu de fouille, on fait quelques travaux pour améliorer l'infirmerie, la cour, et les latrines, les repas sont un peu plus copieux. Cependant nous n'entendons pas parler de la visite de l'ambassade espagnole.

Le vent chez les alliés est à l'optimisme ; les journaux allemands ont baissé leur ton. Nous avons tous confiance et patience !

14 janvier. — Il se passe des événements importants en Autriche et en Italie, mais lesquels ? Que signifie le départ du comte Bertchold ?

15 janvier. — Les journaux allemands ne parlent plus de leur supériorité, mais seulement de l'équilibre des forces adverses. Tous les jours ils contiennent des articles sur la nécessité d'économiser le pain. C'est déjà un signe de faiblesse. Mais comme j'aimerais mieux les savoir au bout de leurs munitions, avec impossibilité d'en fabriquer de nouvelles !

Depuis quelques jours, il n'est plus question d'attaques, mais seulement de contre-attaques allemandes. Ce sont nos armées qui prennent l'offensive. Cela n'empêche pas les Allemands de célébrer comme une victoire une contre-attaque qui est parvenue à limiter un succès de nos armes, bien qu'ils y aient perdu du terrain et beaucoup d'hommes.

16 janvier. — On ne m'a pas encore rendu les papiers personnels qu'on m'a pris. On veut les traduire ? On attache donc grande importance à savoir ce que je pense des Allemands ! On pourrait me rendre mes Mémoires qui n'intéressent que moi. La loi du plus fort...

18 janvier. — Retour de la neige après une journée de printemps. Singulier climat.

Nous avons parmi nous un artiste de grand talent, M. Marteau, dont le violon nous aide à passer quelques heures dans les sphères éthérées de la musique, loin de notre prison et loin des Boches.

20 janvier. — Gelée et regelée. Notre vie se déroule monotone. Je m'efforce de m'occuper, mais nous avons à lire trop de romans et pas assez de livres de vraie littérature, susceptible d'intéresser et d'orner l'esprit. L'étude des langues allemande et anglaise m'est d'une bonne ressource.

Notre intimité avec nos alliés progresse tous les jours.

Nos sentiments sont unanimes, et cette communauté d'idées aide grandement à comprendre nos baragouins réciproques avec les Russes et les Anglais. Avec les Belges, cela va tout seul, car les trois majors sont des wallonnants et non des flamingands.

22 janvier. — Les Allemands viennent de remplacer leur chef du Grand Etat-Major par le Général de Falkenhayn. Quand on change son outil au milieu du travail, c'est en général signe que l'ouvrage laisse à désirer.

23 janvier. — Hier soir, nous avons eu la visite d'un colonel allemand venu de Berlin. Il a paru plutôt bien disposé à prendre quelques mesures en notre faveur. Il s'est fait montrer le colonel G... et moi, mais ne nous a pas adressé la parole. Il a donné des ordres en vue d'accélérer notre correspondance.

Dimanche 24 janvier. — A la messe de ce matin, nous avons eu un chant très harmonieusement arrangé pour violon et 4 voix par M. Marteau; c'est un attrait pour relever quelque peu la simplicité de nos cérémonies religieuses. Pour moi qui aime la musique, c'est aussi une distraction de dilettante, qui rompt un peu la monotonie de notre vie.

25 janvier. — Temps bas et neigeux. Ciel triste.
J'apprends la promotion de Grand Officier de la Légion d'honneur de mon beau-frère le général René Delarue. Je m'en réjouis. En ce qui me concerne personnellement, je songe que si la guerre n'avait pas éclaté, j'aurais reçu à la même occasion et pour mes longues années de service, la croix d'officier, conformément à la règle ; j'ai fait tout mon devoir à Maubeuge ; j'ai failli plusieurs fois être tué ou blessé.. Mais je suis prisonnier comme toute la garnison. On dit que nous avons en bloc été cités à l'ordre de l'armée, mais je ne figure pas dans la promotion de la Légion d'honneur ; la guerre m'est plus défavorable que la paix.

27 janvier. — C'est aujourd'hui la fête allemande du jour de naissance de l'Empereur. Le journal n'annonce aucune victoire, contrairement à notre attente. La flotte allemande avait essayé de célébrer cette fête à sa manière, mais la flotte anglaise veillait et lui a coulé un croiseur.

Hier, un civil hollandais accompagné de tout le personnel allemand est venu dans notre chambre interroger longuement le colonel Gordon au sujet des balles dum-dum. Cette question préoccupe au plus haut point les autorités allemandes. Le colonel Gordon a offert 1.000 livres à qui prouverait que des balles dum-dum fabriquées en Angleterre ont été employées par des soldats anglais.

Un avis prévient que les lettres ne sont plus reçues pour les régions de la France occupées par les Allemands ; prétexte : poste non organisée. Or, des correspondances ont été échangées jusqu'ici. Il y a une autre cause qu'on nous cache !

28 janvier. — A 9 heures du matin, on sonne l'appel. Des civils accompagnés par le lieutenant passent dans toutes les chambres. Ce sont des policiers qui viennent nous fouiller. Jusqu'ici les fouilles avaient été faites par des militaires. Aujourd'hui ce sont des argousins. Notre tour ne vient que vers midi. Trois policiers, le lieutenant, l'interprète, deux sentinelles en armes pénètrent dans la chambre. « Personne ne doit sortir, on va faire une visitation » (sic), dit l'interprète, lequel est un allemand professeur de français dans un gymnase. Quel français enseigne-t-il ? Un policier s'approche de moi, fourre ses mains dans les poches de ma tunique, de mon pantalon, déboutonne ma tunique pour fouiller les poches intérieures. Je le laisse faire avec une profonde indifférence, les mains derrière le dos. Il fouille ensuite une de mes valises, qui est placée sous mon lit, mais pas l'autre qui est sur une étagère. La fouille n'a rien donné ; je n'ai d'ailleurs plus d'argent français, car j'ai été déjà sommé de le déposer au bureau du camp, ce que j'avais fait.

A un officier belge on a retiré un billet de banque belge de 5 francs, mais à un autre on a laissé une pièce d'argent de même valeur. Mystère !

Dans notre chambre, la fouille n'a pas été fructueuse pour le trésor allemand. Dans quelques chambres même, c'est un sous-officier allemand qui s'est chargé, moyennant un bon pourboire, de cacher dans sa poche l'argent qu'on voulait dissimuler.

Dans l'après-midi, le lieutenant vient m'informer que par suite d'un ordre télégraphique, je vais, ainsi que le colonel

Gordon, être transféré près de Berlin, dans un autre camp où nous pourrons avoir une chambre distincte. Dix capitaines ou lieutenants partiront avec nous. J'emmène le fidèle de la Plane et mon ordonnance.

29 janvier. — La neige tombe à flocons. Il fait très froid (— 8° c.). J'aimerais autant ne partir que demain.

30 janvier. — Je regretterai certes la bonne camaraderie de la chambrée ; tous mes compagnons étaient à mon égard pleins de déférence et de complaisance, et nous nous entendions à merveille.

Je regretterai aussi les officiers du camp de toutes nationalités, qui, avec unanimité, ont témoigné qu'ils partageaient mes sentiments lors de mon incarcération en cellule. Les épreuves supportées en commun cimentent les sympathies à un tout autre degré que la commune prospérité. Elles ont fortement mûri en particulier l'esprit de discipline, de dignité française chez quelques territoriaux dont l'éducation morale militaire était à faire à certains points de vue. Ceux qui auront passé par nos épreuves sauront désormais porter dignement leurs galons.

Dimanche 31 janvier. — Ce matin, à 10 h. 30, nous étions prêts à partir, les bagages étaient chargés sur une charrette quand brusquement on les décharge, le départ est remis sans donner d'explication. Le Kaiser est à Berlin, disent les journaux, et j'imagine qu'on aura profité de sa présence et du congé du dimanche pour organiser une manifestation dans la capitale. Or, nous devons traverser la ville, et l'on aura voulu éviter ce passage en un pareil moment.

Vers 11 heures, nous recevons la visite d'un prêtre suisse, escorté de tout l'aéropage allemand. Visite toute de courtoisie, il n'a aucune qualité pour intervenir entre nous et l'autorité allemande. Aimablement, il s'informe surtout de savoir si nous recevons notre correspondance de famille. Ce malheureux prêtre ayant eu l'imprudence de transmettre au commandant du camp une réclamation d'un officier est apostrophé par le commandant avec une si violente colère qu'il en reste tout ébaubi.

Nous devons aller au camp de Blankenburg-Upstadt dans la banlieue de Berlin. Le lieutenant allemand veut bien nous autoriser à donner par carte exceptionnelle, notre nouvelle adresse à nos familles.

Le dégel arrive brusquement ; nous voyagerons dans le gâchis.

Un officier de réserve allemand me remercie des termes élogieux avec lesquels, dans la première partie de ce récit, qui est encore entre leurs mains, j'ai parlé des Westphaliens qui ont formé notre escorte de Maubeuge à Wesel. Il se montre flatté personnellement, car il est Westphalien lui-même, et rend hommage à mon impartialité.

L'abbé a eu l'amabilité de m'adresser, dans une allocution, des adieux publics ainsi qu'à notre violoniste M. Marteau. Il m'a remercié d'avoir donné aux officiers l'exemple du devoir à la chapelle comme sur le champ de bataille. Je souhaite que mon exemple ait été pour quelque chose dans le grand nombre des assistants aux offices. Mais quand on a vu la mort de près comme nous, on réfléchit, et l'idée d'une âme immortelle et d'une justice dans l'au-delà de ce monde vient tout naturellement à l'esprit ; on sent le besoin de se rapprocher de Dieu, le Grand Justicier.

1er février. — Notre départ n'a pas encore lieu ce matin, et nous ne pouvons savoir quand il aura lieu. J'attends, résigné à mon sort quel qu'il soit.

3 février. — Départ retardé de jour en jour. Mon hypothèse n'était pas exacte. Je renonce à comprendre.

Avant de partir, il convient de résumer notre régime de vie à Burg.

Installation matérielle : dans un ancien magasin de harnachement avec toit en carton bitumé. Literie inférieure à celles de nos simples troupiers dans les casernes. Pas de matelas, paillasse, oreiller en paille, draps, couvertures. Pas de mobilier. Une étagère contre un des murs. Le chauffage serait suffisant si le charbon était mieux réparti ; mais quand on est douze, il est difficile d'avoir les mêmes goûts. Les Anglais ont toujours chaud et ouvrent les fenêtres. Les Russes sont les plus frileux et bourrent un des deux poêles au rouge mal à propos.

Nourriture passable, mais insuffisante. Il faut ajouter quelques suppléments payés à part. Elle est fournie à l'entreprise et il nous est retenu 1 m. 50 par jour. Elle est peu

variée : comme nous disons en plaisantant, le cochon alterne
avec le porc. Parfois du bœuf ou du cheval. Tous les soirs,
saucisse ou autre charcuterie ; de temps à autre hareng cru
séché. Pour boisson, rien. Je me procure de la limonade,
car la seule bière permise aux prisonniers de Burg est une
abominable mixture que je ne puis avaler. Le pain est
fabriqué avec du seigle et de la farine de pomme de terre
(K. Brot). C'est mangeable, surtout légèrement grillé et recou_
vert d'une petite couche de margarine, (le beurre nous est
interdit).

La cantine vend certains produits, café, jambon, viande
grillée, mais le beurre, les œufs, le chocolat, le thé, le tilleul.
le pain blanc sont interdits. Le tabac l'est aussi depuis quelques jours.

Au point de vue moral, notre traitement a été caractérisé
par les trois fouilles dans lesquelles des officiers ont été
entièrement mis *nus*, et la mise en cellule d'un lieutenant.
d'un capitaine et d'un général français. Cependant, le coup
de ma mise en cellule a dû provoquer en haut lieu un certain
émoi, puisque j'ai été libéré au bout de 24 heures ; depuis
lors, l'attitude est plus correcte à notre égard, sauf en ce
qui concerne la dernière fouille qu'on se donne beaucoup de
mal à justifier en évoquant une prétendue tentative de
débauchage d'un soldat allemand par un officier. Une autre
preuve de meilleures dispositions ressortirait de mon trans-
fert dans un camp où je pourrai avoir une chambre spéciale,
me dit-on.

Si ce n'était l'agrément de mes excellentes relations avec
mes compagnons de misère, je garderais mauvais souvenir
de mon séjour à Burg.

4 février. — Nous sommes encore à Burg.

Ma femme m'écrit que le 25 janvier elle n'a encore reçu
que mes lettres du 14 décembre. Or, dans cet intervalle,
j'ai écrit six lettres dont cinq ont eu le temps d'arriver.
Beaucoup d'officiers sont dans le même cas. Il y a un retard
voulu et exagéré à transmettre nos lettres pour la France.
J'adresse une réclamation au commandant du district de
Magdeburg.

Dans l'après-midi, le commandement nous fait réunir et
nous fait lire un factum plein de récriminations d'Allemands

contre la manière dont certains ont été traités en France, et qui se termine par une menace de représailles. C'est une amère plaisanterie, car la plupart d'entre nous ont des plaintes analogues à formuler. Certains Allemands auraient été enfermés dans une cave, ce qui ne pouvait être que provisoire. Or, la garnison de Maubeuge, officiers compris, a été campée en plein air sans couverture pendant deux jours, dont une nuit sous la pluie. La nourriture en France aurait été insuffisante ; or nos ordonnances se plaignent de n'avoir pas à manger certains jours. Quelques Allemands auraient été obligés de casser des pierres sans lunettes de cantonnier. Or, il en a été de même pour nos soldats au camp d'Unten Grabau.

Du reste, il n'y a qu'à voir la manière dont un officier général a été traité à Burg pour juger du reste. Et ils parlent de représailles ! Brutes et hypocrites !

BLANKENBURG - 1915

5 février. — Enfin, nous quittons Burg à 10 h. 30 pour tout de bon cette fois-ci. Je souhaite de ne jamais revoir ce camp où j'ai subi tant d'avanies.

Trajet en chemin de fer sous bonne garde, sans incident ; mais pour traverser Berlin, on nous fait monter dans des *voitures cellulaires*, comme de vulgaires assassins ou voleurs de grand chemin. Je suis bien sûr qu'en France on ne transporte pas de la sorte les généraux allemands.

Par contre, notre nouvelle installation à Blankenburg nous fait bonne impression. C'est, paraît-il, une maison de convalescence transformée en camp de prisonniers, avec cour d'un côté, jardin de l'autre.

En arrivant, un médecin nous prie, très poliment et en français, de nous déshabiller entièrement pour subir à la fois une visite médicale et la fouille de nos vêtements. Il examine au microscope ma peau, puis me conduit à la douche, ce qui est bien inutile, puisque j'ai conservé l'habitude de me laver tout le corps chaque jour dans mon tub. Pendant ce temps, mes vêtements ont été fouillés consciencieusement, et ne donnent lieu à aucune remarque. On me reprend seulement une partie de l'argent qu'on m'avait laissé à Burg. Aux autres officiers, on ne laisse que 20 marks. Mon grade me vaut la faveur d'en conserver 50.

Le médecin se met à ma disposition pour me faciliter la possession de ce dont je pourrai avoir besoin ; je le remercie. Quelle différence avec celui de Burg ? On m'indique ensuite une chambre, car ici, j'ai une chambre pour moi seul. Je ne suis plus un numéro dans une chambrée ; je serai chez moi, et je pourrai travailler et me recueillir tout à mon aise.

Ma chambre est celle d'une infirmière de l'établissement normal, comme l'indique l'inscription de la porte. Elle est simple, mais d'une propreté absolue ; murs peints ; plafond blanc. Une haute et large fenêtre donnant sur une terrasse et par delà sur la campagne. Mobilier simple mais propre. Un lit comprenant paillasse, pas de matelas, oreiller en paille, draps, couverture. Une commode, une table et une chaise en bois peint. Une toilette moderne en faïence avec robinets à eau chaude et à eau froide. Un placard-pendoir. Un radiateur pour le chauffage à vapeur. J'y serai incomparablement mieux qu'à Burg. Tout l'établissement paraît d'ailleurs admirablement tenu. Il est neuf et organisé comme peut l'être une maison de convalescence. Les officiers supérieurs ont des chambres par 4, les capitaines et lieutenants par 8 ou 10. Toutes les chambres donnent à chaque étage sur un large corridor, et des pavillons en retour à chaque extrémité contiennent lavabos, salle de bains et douches, water-closets bien compris. Il y a trois étages pareils, le rez-de-chaussée étant réservé aux ordonnances et services généraux. Le service des officiers est fait par des ordonnances, à raison d'un par chambre. L'installation matérielle, à l'exception du peu de moelleux des lits, et de leur resserrement dans les chambres d'officiers subalternes, nous paraît supportable, surtout en comparaison de Burg.

6 février. — Le commandant du camp, lieutenant caractérisé capitaine Von Lockow, paraît bien disposé. Il tient à une discipline stricte et à une propreté méticuleuse de l'établissement, mais paraît devoir faire ce qu'il pourra en faveur des prisonniers.

En tout cas, il est très correct en s'adressant à nous. Il m'a autorisé à conserver 50 marks au lieu de 20, et à écrire quatre lettres par semaine au lieu de deux, le tout sans que je l'aie demandé, car je ne veux faire aucune demande de faveur. Il a témoigné le désir que je le dise à ma famille, afin que les généraux allemands prisonniers en France puissent jouir du même avantage. Je l'ai fait bien volontiers ; mais pour pouvoir produire l'effet qu'il désire, il faudrait que la mesure fût généralisée en Allemagne dans tous les camps, et elle ne l'est pas. Le personnel en sous-ordre est également très poli avec nous. Tous frappent ou disent bonjour en entrant dans nos chambres, ce qui fait contraste avec l'attitude si peu correcte de beaucoup de sous-officiers et soldats à Burg ; surtout au début. On sent ici un tout autre esprit à notre égard. Nous sommes favorisés.

Dimanche 7 février. — Il fait un froid vif. L'air est moins humide qu'à Burg. Le terrain paraît plus sec. Il neige.

Je prends mes repas dans ma chambre avec de la Plane. Il vient aussi s'installer dans ma chambre pour lire et travailler. Ce sera plus agréable pour tous deux. La bibliothèque n'est pas encore organisée ; il faut attendre l'arrivée de nouveaux camarades, car pour le moment, nous ne sommes encore que 60, dont 15 environ de chaque nation alliée. J'ai retrouvé ici plusieurs officiers venant de Torgau, mais aucun d'eux n'a été fait récemment prisonnier, de sorte que nous n'apprenons aucune nouvelle.

Le médecin est venu hier soir me dire très courtoisement qu'il avait ordre de nous vacciner tous contre la typhoïde et le choléra, et me demander de commencer demain ou après-demain. Je n'ai aucun motif de refuser, et, à une demande courtoise, j'accède volontiers.

Il est revenu ce soir me montrer le portrait de son fils qui a été tué pendant cette guerre. C'était un joli garçon. Nous parlons un peu des atrocités de la guerre. Mais c'est un sujet dangereux entre nous, puisque nous désirons de part et d'autre conserver des relations courtoises. Il voit naturellement certaines questions au point de vue allemand ; mais je le crois au fond un brave homme.

8 février. — Pour la première fois depuis deux mois, j'ai eu une nuit de bon et calme sommeil.

J'ai reçu la première inoculation du vaccin contre le choléra ; je n'en éprouve aucun symptôme désagréable.

9 février. — Il dégèle en partie ; mais la campagne reste à demi couverte par la neige.

Je trouve dans ma petite chambre un calme et une certaine détente d'esprit qui me reposent de la chambrée trop bruyante de Burg.

10 février. — Je viens de recevoir la visite d'un major allemand venu de Berlin, qui m'a demandé si je me trouvais bien ici. L'autorité paraît s'être émue d'une phrase d'une lettre où je disais qu'à Burg j'avais été traité comme un numéro, et non comme un officier général, surtout le premier mois. Mieux vaut tard que jamais.

Il fait aujourd'hui un temps superbe, mais la neige couvre encore une partie du sol des environs. La gelée n'est pas finie.

11 février. — Le beau temps ne se maintient pas. Brouillard et neige. Quel climat variable ! Heureusement nous sommes bien chauffés.

12 février. — Nous avons eu la chance d'emmener M. Marteau avec nous dans notre nouvelle résidence. De temps à autre, il nous fait passer avec son violon une heure d'art pur, où nous oublions les tristesses de l'exil pour goûter le charme de la musique idéale. Son talent merveilleux fait accepter les passages les plus sévères, car, lorsqu'on ne sent pas un auteur, on a encore la ressource d'admirer la virtuosité de l'exécutant.

13 février. — J'ai organisé ma vie de manière à être sans cesse occupé. L'ennui ne m'effleure donc jamais de son aile qui porte avec elle le découragement et le chagrin. Mon moral reste le même ; nos gardiens ont beau hisser leur pavillon des victoires, je ne m'émotionne pas, et j'ai confiance dans le courage et l'énergie de mes compatriotes qui finiront par user la vigueur et l'audace incontestables de nos adversaires. Tous les prisonniers, à quelque nationalité qu'ils appartiennent, ont des sentiments pareils.

Je m'occupe d'organiser ici une bibliothèque de livres français. Je fais chaque jour deux heures d'allemand, lecture du *Lokal Anzeiger*, une heure d'anglais, j'écris mes impressions de captivité et les mémoire de ma vie ; la lecture, quelques causeries et une heure à deux de promenade au grand air ou dans le vaste couloir qui précède nos chambres complètent la journée. Nous nous levons à 7 h. 1/2, et devons être couchés à 10 heures du soir. Ma vie ressemble quelque peu à celle d'un moine cloîtré ; mais la grande différence est que ce n'est pas de plein gré que je l'ai organisée ainsi. Plus heureux sont nos frères qui combattent sous le ciel du pays !

Dimanche 14 février. — J'ai reçu du capitaine Von L..., commandant du camp, une lettre courtoise me priant d'user de mon influence pour faire diminuer la longueur des lettres, car les traducteurs sont débordés. Malgré les ordres ministériels, il veut bien, a-t-il ajouté ce matin à l'appel, ne rien changer aux règles qu'il a posées. Nous nous efforcerons donc de reconnaître cette sorte de courtoisie et de bienveillance pour des prisonniers. On respire ici un tout autre air qu'à Burg !

15 février. — Une journée superbe succède à plusieurs jours de brouillard et de froid.

18 février. — Je constate, d'après les dates des réponses à mes lettres parties de Burg, que ces lettres mettaient *un mois* à arriver en France. Par contre, les réponses ne mettaient que *10 jours* à faire le même trajet. Nous espérons que de Blankenburg on mettra plus d'empressement à expédier nos lettres vers la France.

Je continue à prendre mes leçons d'anglais avec l'aimable capitaine Maclean.

19 février. — Le lieutenant adjoint au commandant du camp est venu hier soir me rapporter les papiers qu'il avait saisis au cours de la fouille faite à notre arrivée ici. Nous causons un instant en français. Je lui exprime toute l'indignation que nous a causée la mesure qui nous a fait monter en *voiture cellulaire*, nous, des officiers dont un colonel et un général, pour traverser Berlin, comme des malfaiteurs. Je lui dis que ce procédé soulèvera de l'émotion en France. Il me fait alors la réponse textuelle suivante : « Je sais que non seulement les Français, mais aussi les officiers des autres nations, vous avez vivement senti cela ; *mais, nous* *autres Allemands nous ne ressentons pas aussi vivement ces choses ; si cela nous arrive, nous nous bornons à nous mordre les lèvres »*

Et cet officier est intelligent et très courtois. Quelle est donc la mentalité allemande ? Décidément, j'aime mieux la fierté d'esprit des Français que la plate soumission des Allemands.

20 février. — M. Marteau nous a quittés. Nous regretterons les heures charmantes où son violon nous faisait oublier le temps présent.

Un journal russe ayant fait allusion à des voies de fait commises par un Allemand contre un prisonnier, le commandant me demande une déclaration écrite constatant qu'aucun fait de ce genre ne s'est produit à Blankenburg. Je le fais, mais en spécifiant bien dans ma rédaction, que ma déclaration se rapporte uniquement à ce camp. Il est malheureusement raconté qu'ailleurs des brutalités ont été commises. A Burg, un employé civil allemand a frappé un ordonnance ; dans un autre camp, un officier prisonnier aurait été frappé, paraît-il.

22 février. — Nous ne nous laissons pas émouvoir par les insuccès des Russes dans la Prusse Orientale et la Bukowine. Dans la Prusse Orientale, c'est bien d'un échec qu'il s'agit ; mais en Bukowine, cela a tout l'air d'une retraite voulue. Renoncent-ils à ce théâtre d'opérations dont ils n'espèrent pas tirer profit ? Craignent-ils une attaque en flanc des Roumains, ou veulent-ils, au contraire, amener leurs adversaires à prêter le flanc aux Roumains ? Mystère.

La situation des vivres à Berlin paraît assez critique. Les habitants sont rationnés pour le pain. Ils font des approvisionnements de pommes de terre. Ils ont peur d'une famine, c'est évident. Il en est de même en Autriche.

23 février. — Mon beau-frère, le général Gabriel Delarue reçoit le commandement d'une division. J'en suis heureux pour ma sœur et pour lui. La guerre a réparé l'oubli de la paix. Par contre, cette semaine j'apprends cinq morts de neveux, cousins ou amis. Quelle liste funèbre !

24 février. — Nous continuons les inoculations contre les épidémies. Nous avons déjà été vaccinés contre la petite vérole et le choléra. Aujourd'hui c'est contre le typhus. Nous sommes près de Berlin, et la capitale ne tient pas à avoir près d'elle un foyer de contagion.

27 février. — L'interprète allemand pour la langue française vient me dire qu'un officier a écrit dans une lettre qu'ici nous étions traités avec courtoisie et déférence. Le mot déférence a choqué l'autorité allemande qui n'admet pas qu'elle ait à avoir de la déférence pour des officiers prisonniers !

Pour arranger les choses et permettre à la lettre de partir, j'ai fait supprimer le mot litigieux.

28 février. — Après trois journées de ciel magnifique, retour offensif de la neige. Il paraît que ces variations sont fréquentes dans le climat du centre de l'Allemagne.

Il devient interdit à la cantine de vendre du pain en supplément de la ration quotidienne, et quelle que soit la qualité. Le pain devient décidément une denrée précieuse, que les Allemands économisent soigneusement. Du reste, la population de Berlin est rationnée à moins de 300 grammes par tête et par jour. Le prix des pommes de terre monte très sensiblement, ainsi que celui de la viande de porc, la seule d'usage courant. On est en route pour la famine.

1er mars. — **5 mars.** — Encore de la neige. Elle continue à tomber toutes les nuits et à recouvrir de son manteau blanc le sol que le soleil de midi avait commencé à dégager.

Notre vie s'écoule calme et monotone. Toutefois nous sentons que les grands événements se préparent et qu'ils éclateront aux premiers beaux jours. Ce sentiment est légèrement angoissant, bien que notre confiance ne se démente pas. Nous suivons avec un intérêt palpitant le peu de nouvelles que donnent les journaux allemands sur l'attitude des neutres qui pourraient intervenir, Italie et pays Balkaniques. Le forcement du passage des Dardanelles aurait grand effet moral à cet égard pour compenser l'échec des Russes en Prusse Orientale. Le commentaire, plus amer qu'ironique, du *Berliner Lokal Anzeiger* sur les paris engagés à la Bourse de New-York donnant à 3 contre 1 notre victoire avant six mois nous a procuré un moment de douce hilarité.

6 mars. — Dimanche 7 mars. — Toujours la neige. Il s'y ajoute le verglas. Celui-ci atteint à Berlin une telle intensité que la circulation en est très gênée ; nous en subissons le contre-coup en ce que le convoi qui nous apportait le pain est resté en route. Nous manquons de pain pendant un jour.

8 mars. — Nos pensées sont concentrées vers les Dardanelles. C'est le grand sujet de nos conversations. L'attitude du roi des Grecs révèle bien ses attaches allemandes. Ou bien il ne comprend pas son peuple, ou bien sa partialité pour nos ennemis lui fait admettre la possibilité de notre échec. Aussi pour le moment tous nos vœux vont-ils à notre escadre et à notre corps de débarquement. Il faut en finir avec les Turcs comme avec nos autres ennemis.

10 mars. — J'ai reçu hier une carte de mon beau-frère le général René Delarue. L'autorité allemande avait barbouillé d'encre, au point de les rendre illisibles, les dates relatives à la durée des transmissions de correspondance, ainsi que toute une phrase, dont j'ignore la teneur, mais qui, j'espère, devait donner une indication en notre faveur, puisque la censure allemande ne l'a pas laissée passer.

11 mars. — La neige continue à ne pas fondre. Il fait — 3°. La ration de pain a été réduite à 300 grammes par jour pour nous, comme pour la population de l'empire. Les Allemands essayent de fabriquer une sorte de farine avec de la paille ; Un professeur a fait à Berlin une conférence sur ce sujet. Nous subirons le contre-coup de la situation, mais c'est de gaité de cœur que nous nous y préparons.

12 mars. — Dans une lettre reçue ce matin de ma femme, la censure allemande a barbouillé d'encre l'indication du nombre de lettres et de cartes reçues de moi en provenance de Burg ! Elle se sent donc en faute qu'elle veut cacher ce nombre et empêcher une vérification de ma part.

Dimanche 14 mars. — Le droit de correspondre avec les régions occupées de la France est rétabli à raison d'une carte par mois. Par contre il est totalement supprimé avec le Luxembourg. Que veut dire cette dernière mesure ?

Nous sommes autorisés à acheter à la cantine une fois par semaine un petit flacon de vin du Rhin. Ce sera plus tonique et meilleur pour la santé. La vie de prisonnier est fort anémiante.

La neige a fondu et la température est au-dessus de 0°.

15 mars. — Le pain devient de plus en plus médiocre.
C'est une pâte lourde, sans levain, remplie de pommes de
terre, de son, et même de fragments de paille et de grains
d'avoine non écrasés. La garnison allemande. elle aussi, se
plaint. Et ce pain vient de Berlin, la capitale. Les approvisionnements seraient-ils à ce point épuisés en Allemagne ?
Je n'ose encore l'espérer.

Je viens de lire un livre intéressant sur les bénéfices que
peut rapporter une guerre. L'auteur, Francell, l'a intitulé la
Grande Illusion. Il soutient la thèse qu'au point de vue économique, la guerre n'enrichit pas plus le vainqueur que le
vaincu. Ce n'était pas vrai autrefois, ce ne l'est pas pour les
petits peuples. Ce peut être vrai aujourd'hui pour les grandes
nations ; en effet, avec les effectifs actuels et la suspension
de toute activité sociale, les dépenses atteignent un tel chiffre que aucun gain de territoire ne peut les compenser. Si
en effet, nous calculons les pertes de l'Allemagne, nous trouvons d'abord un milliard de dépenses brutes par mois, soit
pour chaque année de guerre 12 milliards. Il mourra chaque
année, ou sera hors d'état de gagner sa vie par suite de ses
blessures, un million d'Allemands, tous dans la force de
l'âge. Chacun d'eux eût gagné par an un salaire moyen de
1.500 francs. C'est donc un milliard et demi de salaires annuels en moins qui circuleront en Allemagne, ce qui représente un capital de 37 milliards, Nous trouvons donc déjà
12 + 37 = 49 milliards de perte sèche par année de guerre;
Combien faudrait-il que l'Allemagne conquît de provinces
pour compenser cette perte, ou quelle indemnité devrait-elle
exiger ? 32 provinces ayant chacune en valeur foncière celle
de l'Alsace-Lorraine, c'est-à-dire presque la France entière ;
quant à une indemnité équivalente. on frémit de l'envisager.
C'est donc, en tant qu'affaire, une mauvaise spéculation que
d'entreprendre une guerre. La vérité est que les motifs sont
purement moraux. La nation qui déclare la guerre néglige
le sacrifice d'argent en regard des avantages de suprématie
qu'elle escompte dans le monde. C'est là le véritable mobile
qui déchaîne des désastres aussi affreux que ceux auxquels
nous assistons. C'est là le calcul du Kaiser.

16 mars. — En lisant le *Mémorial* de Sainte-Hélène, je constate que le régime de rigueur pris contre Napoléon comporte la fouille de ses effets et bagages et la saisie de son argent, la menace de prison s'il cherche à s'échapper, la lecture préalable par son geôlier de toutes les lettres qu'il reçoit ou qu'il écrit. C'est le régime qui nous est imposé en Allemagne. Pour nous, modestes prisonniers, c'est une consolation que cette petite ressemblance avec le grand homme. Mais, ô vicissitudes de la politique ! L'Angleterre marchait à cette époque contre la France et avec la Prusse. Aujourd'hui c'est avec nous qu'elle marche contre l'Allemagne. En 1815, celui qui paraissait un colosse a été battu. Espérons que, juste cent ans après, c'est la puissance allemande qui recevra la juste punition de son injuste ambition.

18 mars. — Nous avons eu la satisfaction de constater dans le journal allemand du 18 qu'un article avait été coupé avec des ciseaux dans tous les exemplaires. Nous sommes intrigués, mais au fond enchantés, car ce doit être un renseignement tout au désavantage des Allemands pour qu'ils essayent de nous le cacher. Une certaine nervosité de nos gardiens nous confirme dans cette appréciation.

Il fait aujourd'hui un véritable soleil de printemps. Tout le monde lézarde sur la terrasse du jardin.

19 mars. — Retour offensif de la neige.

Nous recevons des envois de victuailles de nos familles. Cette aubaine est doublement agréable. Elle améliore notre ordinaire, et ce sont des produits de France. Je n'ai jamais mangé avec plus de plaisir depuis que je suis en Allemagne.

20 mars. — Un blanc manteau de neige couvre toujours la campagne. Nous voilà loin des premiers bourgeons du marronnier du 20 mars aux Champs-Elysées.

21 mars. — 1er jour de printemps. On ne s'en douterait guère. Nous sommes encore sous la neige.

22 mars. — Le forcement des Dardanelles ne marche pas comme il le faudrait. Le contre-coup d'un insuccès définitif se ferait sentir à coup sûr sur l'attitude des pays Balkaniques et de l'Italie. Nous voulons espérer que nous parviendrons à triompher des difficultés ; mais il faut de la force d'âme, lorsque l'on est déjà prisonnier en Allemagne, pour attendre patiemment que la victoire couronne de nouveau nos armes et celles de nos alliés.

23 mars. — Przemysl est tombé ! Heureux événement pour les armes russes ! Je ne puis m'empêcher de faire un triste retour vers la chute de Maubeuge. La forteresse autrichienne a tenu beaucoup plus longtemps que la nôtre. Avons-nous moins bien rempli notre devoir ? Je ne le crois pas en mon âme et conscience. Ce qui a permis la longue résistance des Autrichiens, c'est l'absence chez les Russes de la formidable artillerie des Allemands. Nos abris ont été crevés en quelques jours. Sans aucun répit, nos hommes étaient exposés à l'effet terrible des énormes pièces de 305 et de 42 centimètres. Je reste convaincu que, si nous n'avions eu à lutter qu'avec les canons de siège des modèles connus avant cette guerre, nous eussions résisté aussi longtemps que Przemysl. La fatalité a été contre nous. Nous restons forts du sentiment d'avoir rempli tout notre devoir de notre mieux.

24 mars. — Une journée de printemps dont nous nous empressons de profiter pour respirer largement sur la terrasse. On nous annonce la prochaine arrivée du général belge Léman et de deux ou trois généraux russes.

25 mars. — Nouveau retour du froid ; il gèle légèrement.

26 mars. — J'apprends la triste nouvelle de la mort dans la tranchée d'un de mes beaux-frères, un des généraux Delarue, je ne sais encore lequel, puisque tous deux sont mes parents et que le journal ne donne pas le prénom. La nouvelle est apportée par le *Lokal-Anzeiger*. Le commandant du camp, capitaine Von Lockow, qui par ma correspondance, savait mes relations de famille avec les deux généraux Delarue, a eu la délicate attention, dont je lui suis reconnaissant, de m'en faire prévenir par l'intermédiaire de de la Plane, pour que je ne l'apprenne pas brutalement par la lecture du journal. Il a bien voulu également transmettre, en l'affranchissant des délais d'attente prescrits, une lettre que j'ai aussitôt écrite à ma femme à ce sujet.

J'ai été touché également de tous les témoignages de sympathie des officiers prisonniers.

Hier, j'avais déjà reçu une autre triste nouvelle, celle de la

mort au camp de Torgau, du commandant Crépy, un de mes
conscrits d'école, et camarade de Maubeuge et de Torgau. Il
a succombé à une paralysie progressive dont il était atteint
dès avant la guerre, loin de sa famille, par une mort sans
gloire, mais qui en est, à mon avis, d'autant plus lugubre.
Mieux vaut mourir, comme mon beau-frère, au champ d'honneur.

Dimanche 28 mars. — Il est dur de se trouver loin des
siens lorsque l'on sait qu'ils sont dans l'affliction. Ne pouvoir apporter aucune consolation, ne rendre aucun service,
de démarche ou autre, et sentir que de pauvres femmes et
des enfants doivent suffire à toutes les formalités d'un enterrement malgré l'angoisse qui les étreint, alors qu'on est soi-
même maintenu par la force dans une oisiveté pénible, cela
fait paraître encore plus attristante la situation de prisonnier
de guerre.

30 mars. — Un télégramme de ma femme transmis par la
Croix-Rouge m'annonce que c'est Gabriel Delarue, le général d'infanterie, qui a été tué. Pauvre ami ! Ma pauvre sœur,
quel coup cruel pour elle et pour ses enfants !

2 avril. — Je reçois le 2 avril une carte du général Delarue,
celui-là même qui vient d'être tué. C'est la dernière lettre de
lui, hélas ! Une de ses phrases commençait par les mots :
Ici tout est en bonne voie et... le reste a été frotté d'encre par
la censure allemande si fortement qu'il m'a été impossible de
rien déchiffrer. Rapprochant ce fait de celui analogue et
relatif à une carte de son frère, je puis en conclure qu'en
France les généraux sont à l'optimisme. Cela nous donne
espoir.

Un journal d'esprit allemand bien qu'écrit en français, le
Journal de Lorraine, avoue qu'à Athènes on est convaincu
du triomphe définitif de notre cause, et que la crainte de
la Bulgarie a seule motivé la neutralité grecque. Le même
journal est également forcé d'avouer que la garnison de
Przemysl, que les Autrichiens avaient d'abord déclarée de
25.000 hommes, se monte avec les malades, blessés et auxi-
liaires militaires, à 113.000 hommes et 3.000 officiers. La place
comportait 1.050 canons. C'était donc une place d'une tout
autre importance que Maubeuge ! Voilà un grand succès
pour les armes russes.

Pâques 4 avril. — Pâques ! quelle tristesse de passer ce jour de fête loin des siens dans une prison allemande ! Je suis sûr du reste qu'en France, la fête gardera un caractère purement religieux. Les pensées ne sont pas à la joie, jusqu'à nouvel ordre. A l'appel de ce matin, le commandant du camp nous a exprimé ses vœux à l'occasion de cette fête. Je l'ai remercié au nom des officiers prisonniers. Cette marque de courtoisie nous a touchés.

Deux officiers français viennent de m'offrir quelques fleurs fraîches qu'ils se sont procurées par le cantinier pour décorer ma chambre. On n'est pas plus aimable.

5 avril. — En se promenant dans le jardin qui entoure notre camp, le commandant du camp a cueilli les premières fleurs des champs, et a eu l'aimable pensée de me les envoyer. Le capitaine von Lockow est un véritable gentleman, qui cherche à pallier autant qu'il est en lui la tristesse de la vie que nous menons.

Il s'est montré large dans les autorisations accordées pour le repas de fête que nous avons offert aux ordonnances et celui que les officiers russes vont s'offrir à eux-mêmes pour leurs Pâques.

6 avril. — Arrivée au camp du général Léman, gouverneur de Liége. La parité de nos sorts et de nos sentiments établit de suite entre nous une réelle sympathie. Malgré la différence de grade, (il est divisionnaire) nos relations paraissent devoir être agréables, d'autant plus que je manquais ici de camarades de mon âge et de mon grade, le colonel Gordon pouvant difficilement soutenir une conversation suivie en français, comme moi en anglais.

On attend ce soir une cinquantaine de nouveaux officiers des quatres nations alliées.

7 avril. — Hier soir, le nouveau détachement est arrivé de Magdeburg. Les Belges sont en majorité. Tous les officiers sont prisonniers depuis quelques mois déjà. Leurs impressions sur notre camp sont variables. Ici le contact avec les Allemands est permanent, mais je dois reconnaître qu'ils sont courtois. Or, certains officiers sont avant tout, choqués de ce contact. A Burg, où le contact était aussi permanent, mais où nos gardiens étaient animés d'un tout autre esprit, nous nous trouvions au contraire beaucoup plus mal qu'ici, et par comparaison nous ne nous plaignons pas de l'organisation du camp de Blankenburg.

10 avril. — Le 10 nous recevons la visite d'un major du ministère allemand. Je lui expose quelques desiderata concernant : 1° la réduction du délai de quarantaine des lettres adressées à nos familles, qui ne leur parviennent qu'au bout de 20 à 25 jours, tandis que les lettres venant de France ne mettent que de 8 à 12 jours ; 2° l'augmentation de l'espace du jardin mis à notre disposition, ce qui est justifié par la majoration de notre effectif ; 3° la restitution de la partie de mes impressions de captivité qui ne m'a pas encore été rendue.

Un peu plus tard arrivent un représentant de l'ambassade d'Espagne et un attaché suédois. Je dis au premier que j'avais demandé sa visite au début de décembre à Burg. C'est alors qu'elle eût été fort utile. Il s'étonne que je n'aie pas deux pièces à ma disposition ; en réponse je lui fais connaître comment j'étais installé à Burg. Il s'excuse sur l'excès de travail du personnel de l'ambassade. Quoiqu'il en soit, je reste en méfiance à l'égard de son ambassadeur, d'autant plus que je viens d'apprendre que ce haut personnage a sû se rendre à Torgau, lorsqu'il s'agissait des officiers allemands prisonniers en France, en faveur desquels il voulait intervenir, comme je le raconte plus loin.

Quant à l'attaché suédois, il me dit qu'il part pour Paris, et se fera un plaisir de donner de mes nouvelles à ma famille. J'accepte avec joie cette offre aimable et lui donne l'adresse de ma sœur.

Le 9, était arrivé à notre camp le capitaine territorial Pasqual, de l'État-Major particulier du général Fournier à Maubeuge. Il est envoyé de Torgau ici contre son gré, mais à titre de faveur spéciale, parce qu'il a rendu un léger service au gouvernement allemand. Un journal français ayant annoncé que deux officiers allemands, condamnés en France par un conseil de guerre pour violences envers des habitants, seraient envoyés à Cayenne, l'ambassadeur d'Espagne à Berlin a télégraphié à deux reprises à Paris, pour élucider le fait. Ne recevant pas de réponse, il s'est rendu en personne à Torgau trouver le capitaine Pasqual, qui est député, pour le prier de télégraphier lui-même au Ministre de la guerre, ce que celui-ci a consenti à faire. Le Ministre a répondu que la nouvelle était fausse et que les officiers en question accompliraient leur peine en France.

Comme mesures de représailles, le gouvernement allemand avait menacé, si l'envoi à Cayenne avait lieu, de prendre 10 officiers de chaque camp, et de les faire travailler dans les mines, sans jugement ! ! Si un pareil acte avait été commis, j'aurais réclamé l'honneur d'être victime de ce honteux procédé.

12 avril. — Ce matin, un lieutenant anglais a été envoyé aux arrêts dans un autre camp à régime très dur, par mesure de représailles contre le traitement particulier dont sont l'objet en Angleterre, les officiers des sous-marins allemands qui ont coulé des navires marchands. Certes la responsabilité de la conduite de ces derniers remonte plutôt au gouvernement qui leur a donné l'ordre d'agir ainsi ; mais il n'en reste pas moins vrai qu'ils avaient commis un acte odieux en attaquant des marchands sans défense, tandis que le lieutenant anglais n'avait combattu que des soldats. Il y a une nuance ! ! De jour en jour, nous voyons grandir la haine des Allemands contre les Anglais.

Visite de l'ambassadeur d'Espagne en personne. Je lui redis ce que j'avais dit deux jours avant à son représentant, qu'ici nous sommes relativement bien, mais qu'à Burg nous étions mal installés et mal traités, et que j'avais vainement sollicité une visite de l'ambassade. Il s'excuse sur ses nombreuses occupations. Que vient-il faire puisqu'un attaché est déjà venu avant-hier ? Nous sommes convaincus qu'il n'est pas venu pour nous, mais pour voir le capitaine Pasqual, auquel il doit avoir une nouvelle demande à faire en faveur des Allemands. Il sait trouver du temps pour s'occuper d'eux.

13 avril. — Nous ne nous trompions pas, le capitaine Pasqual est renvoyé en France avec mission d'obtenir du gouvernement français quelques concessions sur l'échange des prisonniers civils et des grands blessés. Il pourra renseigner le Ministre à la fois sur la défense de Maubeuge, et sur les souffrances que nous avons eu à endurer en captivité. Son retour en France peut nous être fort utile. Il s'est d'ailleurs engagé à se reconstituer prisonnier, s'il n'obtenait pas un bon résultat dans la cause qu'il allait défendre.

15 avril. — Octroi d'un sommier aux généraux et colonels pour améliorer leur literie. J'avais pris l'habitude de dormir sur une simple paillasse, tant il est vrai qu'on arrive à se passer de confortable, et que les malheureux humains compliquent la vie par pure mollesse.

Nous avons eu hier une preuve flagrante des mensonges racontés aux bons berlinois par le *Berliner Lokal Anzeiger*. Des interviews avec les ministres bulgares sont racontées de façon absolument opposée dans ce journal pangermaniste et dans la *Kölnische Zeitung*. On pourrait croire d'après le premier que la Bulgarie est décidée à maintenir sa neutralité, alors que, d'après le second, tous ses hommes d'Etat, sans distinction de parti, déclarent qu'ils savent que la victoire de l'Allemagne rétablirait la Turquie à Cavalla, l'Autriche à Salonique, ce qui serait la fin des rêves des pays Balkaniques, et qu'ils ne peuvent hésiter à se placer du côté de la triple Entente. Il en est de même des manifestations italiennes qui sont présentées par le pangermaniste sous un jour absolument faux, si l'on en croit le journal du Luxembourg. Qu'attendent donc les neutres pour prendre parti ? Sans doute que l'Allemagne, dont ils ont eu peur si longtemps, soit plus abattue. En attendant, c'est à nous seuls à faire la besogne.

17 avril. — Je cause très souvent avec le général Leman. C'est un charmant causeur, d'un esprit très large, d'une intelligence universelle, d'idées saines et empreintes de la plus pure raison. Il est très admirateur des idées morales de la France qui, dit-il mènent le monde. Il ne pardonne pas au Kaiser d'avoir violé la neutralité de la Belgique.

21 avril. — Le 19 et le 20, journées magnifiques que nous passons sur la terrasse ou dans le jardin pour nous griser d'air pur. Malheureusement, une émanation *sui generis* nous apprend le motif pour lequel les champs que nous voyons sont si régulièrement découpés ; ce que nous prenions pour des rigoles d'assèchement sont des rigoles d'irrigation avec les eaux d'égout provenant de Berlin. Ce sont des champs d'épandage. Pour le coup, nous nous étonnons que l'administration allemande, si méthodique, ait accolé une maison de convalescence à un terrain d'épandage, complet oubli des règles les plus élémentaires de l'hygiène et de la précaution.

Vienne dément le bruit d'une rencontre entre les Italiens et les Autrichiens. C'est donc que la probabilité d'une pareille rencontre est dans l'air. Nous espérons que l'Italie finira par se décider.

22 avril. — Nouvelle visite de l'ambassade des Etats-Unis aux Anglais qui ne sont pourtant qu'en petit nombre, huit en tout. C'est la quatrième à ma connaissance. Cette ambassade comprend ses devoirs.

23 avril. — Retour offensif de la neige, mais elle ne tient pas longtemps et fond assez vite.

24 avril. — Arrivée d'un général russe, général Plinski, venant d'un fort de Custrin. Il y était fort mal installé dans une chambrée, avec des officiers de tous grades, comme je l'étais à Burg. C'était donc un parti pris chez les Allemands de n'avoir pas d'égards pour les officiers généraux. Ils sont revenus à une plus juste compréhension des choses, par crainte de représailles.

Dimanche 25 avril. — Une journée magnifique. Comme il aurait fait bon de se promener dans le beau pays de France, et avec les siens ! Je crains que nous n'ayons pas ce bonheur de quelque temps encore, si notre diplomatie ne se distingue pas, et ne réussit pas à soulever les Balkaniques et l'Italie ; dans ce cas, la guerre d'usure sera bien longue, et nous sommes ici pour tout l'été.

27 avril. — Arrivée d'un nouveau détachement d'officiers tous russes. Nous sommes presque en nombre égal par nation, Français, Belges et Russes. Les Anglais sont fortement en minorité, huit contre quarante de chacune des autres nations.

La chaleur devient si forte que je suis obligé de modifier l'horaire de mes occupations quotidiennes, la promenade de 2 à 4 heures devenant intenable. Je résiste toujours au découragement et à l'ennui par les occupations que je m'impose avec régularité.

29 avril. — Grand émoi hier soir. Un capitaine de tirailleurs français a tenté de s'évader, et a été immédiatement arrêté au moment où il venait de franchir le grillage en fil de fer barbelé. Le malheureux n'a joui de sa liberté que quelques secondes. Mais sa tentative était bien mal combinée et n'avait guère de chances de réussir. Escalader le grillage à 9 h. 30 du soir, alors que personne n'est endormi, qu'il fait un clair de lune magnifique, que nous sommes à 500 kilomètres de la frontière, et qu'on ne sait pas l'allemand, c'est un acte téméraire.

Le malheureux est mis aux arrêts de rigueur, jusqu'à décision à intervenir. C'était à prévoir. S'il m'eût consulté, je lui aurais déconseillé une tentative aussi hasardée et vouée d'avance à l'insuccès.

30 avril. — Un major allemand (qui est déjà venu visiter le camp peu après mon arrivée) m'a demandé de lui raconter en détails pour quels motifs m'avaient été infligés les traitements dont j'ai eu à me plaindre à Torgau et à Burg, et que j'ai signalés à l'ambassade d'Espagne. Il m'a dit vouloir faire une enquête pour punir les responsables. Je lui ai déclaré que je ne demandais la punition de personne, mais seulement la cessation vis-à-vis de prisonniers de semblables traitements. « Il y a une justice en Allemagne » a-t-il dit alors. L'autorité paraît donc disposée à faire quelque chose pour effacer ses torts à notre égard ?... J'augure bien de semblables dispositions ; c'est que les événements de guerre sont favorables à nos armées l'Allemagne se prépare à rendre des comptes.

3 mai. — Visite de deux généraux allemands. Rien de particulier. Nous suivons avec anxiété les nouvelles des Dardanelles. Mais nous n'avons que les récits mensongers des Turcs, au milieu desquels il faut démêler la vérité. Les récits français et anglais sont purement et simplement supprimés. Le ton de quelques articles sur l'Italie me paraît favorable pour nous et me donne bon espoir.

Je suis stupéfait de voir parfois l'énormité des bourdes que débitent des journaux allemands. L'un d'eux raconte sérieusement que la cause de la guerre est le désir de l'Angleterre d'occuper Calais par un moyen détourné, de s'y organiser soi-disant contre l'Allemagne, mais en réalité contre nous, car elle ne voudra plus le rendre. Un autre plaint l'Italie, si elle accepte de prendre part à la guerre contre la promesse d'une simple rectification de la frontière tuniso-tripolitaine ; il oublie de parler des compensations dans le Trentin et l'Adriatique...

Les Allemands viennent de hisser leurs drapeaux. Ils auraient remporté une victoire contre les Russes et fait 100.000 prisonniers. J'attends de voir les détails. L'Allemagne a besoin d'impressionner les neutres en ce moment et doit enfler un succès partiel quelconque.

4 mai. — Ils affirment leur succès, mais l'impossibilité où ils disent être d'en évaluer les trophées me permet de douter de son importance. Il n'y a peut-être eu qu'un recul voulu des Russes, ce qui est tout de même un échec relatif, malheureux en ce moment par l'effet qu'il peut produire sur les neutres. Aucune nouvelle des Dardanelles. ce qui est bon signe. L'Italie paraît toucher à une époque décisive ; nous attendons avec anxiété sa décision, bien que la probabilité soit en notre faveur.

5 mai. — L'immense victoire se réduit à un succès partiel. Les 100.000 prisonniers, qui étaient même montés à 160.000, se réduisent à 21.000 et encore ce chiffre, donné de source allemande, est-il peut-être amplifié. Nous poussons un soupir de soulagement. C'était hier le jour de naissance du Kronprinz, ils ont voulu le fêter par l'annonce d'une victoire. Aujourd'hui la fête est passée, et la vérité transparaît. Les journaux allemands avouent que les pourparlers de l'Italie et de l'Autriche rencontrent des difficultés. Je le crois d'autant mieux qu'il y a une impossibilité à ce que l'entente entre ces deux pays aboutisse. L'Italie veut les dépouilles de l'Autriche, et celle-ci, victorieuse ou vaincue, se verrait diminuée. Que gagnerait-elle à une victoire ?

6 mai. — La situation est angoissante. Les journaux allemands ont de sérieuses craintes de voir l'Italie se mettre à nos côtés.

9 mai. — Nous suivons avec anxiété leur polémique. Les intérêts de l'Italie sont si bien de marcher à nos côtés, que nous espérons qu'elle n'attend que d'être prête militairement pour se prononcer.

La victoire allemande des Carpathes arrête la menace d'invasion de la Hongrie, mais c'est tout ; elle ne compromet pas la situation de nos alliés. Tout le bruit fait autour de cet incident n'avait pour but que d'influencer l'Italie.

13 mai. — Celle-ci ne se décide toujours pas. Peut-être attend-elle que la situation soit mieux dessinée. L'Allemagne a fait habilement un effort à propos et sait l'exploiter. Que n'en faisons-nous autant ?

Le 12, nouvelle visite de deux officiers allemands qui s'inquiètent de savoir si nous nous trouvons bien. Quelle sollicitude à notre égard maintenant !

14 mai. — Visite d'un lieutenant-colonel suisse et du vice-président de la Croix-Rouge suisse, accompagnés par le major allemand qui est déjà venu plusieurs fois. J'apprends par eux que le camp de prisonniers de Burg est évacué et va être transformé. Ce n'est pas malheureux ! Le major m'affirme que mon journal me sera rendu.

15 mai. — L'Italie hésite toujours, et le cabinet démissionne. Nous sommes anxieux. Nous craignons de voir les neutres impressionnés par la méthode allemande. Tandis que nous cherchons l'usure de notre adversaire, les Allemands cherchent les grands coups de force qui agissent sur le moral. Notre méthode est plus sûre, pourvu qu'on tienne bon jusqu'au bout, mais elle est plus lente, et notre captivité durera.

16 mai. — Triste jour ! J'ai aujourd'hui 60 ans. Quoique mon cœur et mes facultés restent jeunes, le chiffre de mes années me prévient que je ne puis plus compter sur beaucoup d'autres dans l'avenir, et qu'il importe de les bien employer. Que j'en perds ici !

17 mai. — Le commandant du camp me communique le récit du Dr de M... sur sa visite des camps de prisonniers allemands en France. Je constate :

1°) Que les Allemands sont bien traités en général.

2°) Que ces visites en faveur des Allemands ont commencé dès *janvier*, alors que celles en notre faveur n'ont commencé qu'en *mai*. Pourquoi ce long délai ? Question à élucider.

18 mai. — Le capitaine von Lockow qui avait vu par une de mes lettres à ma femme que le 16 mai était mon 60e anniversaire de naissance, appliquant l'usage allemand de fêter cet anniversaire (*geburgstag*) vient de m'envoyer un mot de compliments, en son nom et au nom de ses officiers, avec un bouquet et un vase de fleurs. C'est extrêmement aimable, et je l'en ai beaucoup remercié.

Cinq officiers français, qui sont accusés. avec plus ou moins de fondement par les Allemands, d'avoir favorisé la tentative de fuite du capitaine de tirailleurs, sont expédiés dans un autre camp.

21 mai. — Nous nous réjouissons des nouvelles d'Italie. Je ne pense plus qu'elle puisse reculer. Tant mieux pour nous ! Son attitude est un indice de notre force, et je saluerai son entrée à nos côtés comme un signe que nous avons plus de chances que nos ennemis de décrocher la victoire.

Pentecôte 23 mai. — Il fait depuis près d'un mois un temps magnifique, sans pluie, avec un ciel pur et clair qui m'étonne pour l'époque. L'abbé, qui vient de Berlin nous dire une messe tous les 15 jours, me dit qu'en général mai est beau sous ce climat, mais qu'il faut attendre des coups de froid en juin.

25 mai. — En raison de la tentative d'évasion, tous les vêtements civils que possèdaient quelques officiers doivent être déposés au bureau. De même, la musique est interdite après 7 heures du soir. On craint sans doute que les flots d'harmonie ne donnent des distractions aux sentinelles, et leur fassent perdre de vue la surveillance dont elles sont chargées.

Les journaux n'ayant pas été remis les 23 et 24, nous apprenons seulement ce matin la déclaration de guerre de l'Italie. Nous saluons avec joie cette nouvelle. L'Italie a attendu longtemps pour se décider, et elle n'a dû le faire qu'en pleine connaissance du fort et du faible des deux groupes opposés. Sa venue à nos côtés prend, à mon sens, la signification que nous avions 75 % de chances de vaincre définitivement, et son entrée en ligne fera d'une probabilité une quasi certitude aussitôt qu'elle aura, comme on peut y compter et comme les journaux allemands en manifestent la crainte, entraîné dans son sillage les peuples balkaniques.

26 mai. — Nous remarquions la relative modération avec laquelle les journaux allemands les plus pangermanistes ont

parlé tous ces temps-ci de l'attitude de l'Italie. La presse
avait dû recevoir l'ordre de ne rien envenimer et de ne pas
compromettre l'unique chance d'accord qui aurait pû peut-
être se présenter. Aujourd'hui les injures commencent à
pleuvoir, trahison, dégoût, etc... ; mais aussi une certaine
hauteur dans le titre d'un article : « Plus d'ennemis, plus
d'honneur ! » atteste une réelle énergie.

Visite d'un capitaine d'artillerie suédois qui circule sans
mission officielle, autant que j'en puis juger.

28 mai. — Visite de l'abbé catholique suisse qui était déjà
venu à Burg. Il n'a pas de mission bien définie, mais offre
de donner de nos nouvelles à nos familles ; j'accepte avec
plaisir sa proposition.

29 mai. — Notre cantinier résilie son marché. Les vivres
ont atteint un tel prix à Berlin qu'il ne peut plus, dit-il,
maintenir ses conventions, et l'augmentation du prix de pen-
sion lui a été refusée : nous voyons là un signe de la situation
difficile de l'Allemagne. Je crois bien qu'il faudra en venir
à cette augmentation. Mais nous en prendrons notre parti,
si la cause que nous supposons est exacte.

30 mai. — Les journaux allemands auxquels je me suis
abonné, les seuls permis sont : *le Lokal Anzeiger* de Berlin
qui très pangermaniste, ne craint pas de dénaturer les
récits qui gênent sa thèse ; la *Kölnische Zeitung*, plus pon-
dérée, donne plus souvent et plus exactement les récits français, anglais ou russes ; la *Gazette de Lorraine*, journal écrit
en français, et parfois quel français ! mais d'esprit foncliè-
rement allemand. J'ai pris celui-là pour pouvoir y lire des
traductions de certains discours et articles longs et lourds
comme savent en faire les Allemands, sans me donner la
peine de traduire moi-même.

Tous ces journaux servent leur cause avec fanatisme, il
faut le reconnaître, mais avec partialité. Comme représentants de l'esprit public en France, ils citent *l'Humanité,
L'Homme enchaîné* ou la *Guerre Sociale* ! ! ! Voilà comme
les Allemands sont renseignés !

3 juin. — Encore le drapeau ! Ils fêtent la prise de Przemysl par les Allemands. ils ont dû amener du 420 ou au
moins du 305, et pas une place, surtout celle-ci qui a déjà

subi un long siège, n'est en état de résister à cette artillerie. C'est d'autant plus fâcheux que nous avions le sentiment que les Balkaniques ne faisaient plus que du marchandage. Ils vont hausser leurs prétentions. Il serait triste d'avoir à les subir.

5 juin. — Temps lourd et orageux. Par ce temps, on s'aperçoit à l'odeur que l'on est en bordure de terrains d'épandage.

6 juin. — L'attention est portée vers les Balkans. L'entrée en ligne de la Roumanie et de la Bulgarie paraît imminente. La Grèce suivra le mouvement après les élections. Espérons que la coalition de l'Europe viendra à bout de nos adversaires par le découragement de la population, des troupes, et l'encerclement des armées.

8 juin. — Le roi de Grèce me paraît mourant, son fils sera-t-il germanophile ? Que va-t-il en résulter.

9 juin. — On annonce une inspection d'officier général. Branle-bas de nettoyage ; les ordonnances reçoivent du coup des draps de lit, chose inconnue d'eux depuis neuf mois ; il est pris leurs mesures pour des treillis.

10 juin. — Inspection du général-lieutenant déjà vu. Rien de particulier. Le soir visite de l'ambassade américaine pour les huit Anglais, Voilà au moins une ambassade qui s'occupe de ses ressortissants ! !

11 juin. — Retour à Blankenburg de deux capitaines français qui avaient été envoyés à Custrin sous l'inculpation de complicité de l'évasion du 28 avril et dont l'innocence a été reconnue. D'après leurs dires, l'installation dans le fort de Custrin laisse fortement à désirer ; pas d'eau, cabinets infects, etc...

16 juin. — Visite d'un nouvel attaché de l'ambassade américaine. On vient bien souvent nous voir ici, parce que nous n'avons pas à nous plaindre. Mais les visites sont rares ou nulles dans les camps où les prisonniers sont moins bien partagés. Cette inégalité n'est pas due au hasard.

Rentrée à notre camp de l'officier anglais qui avait été mis aux arrêts le 12 avril pour représailles du traitement parti-

culier des équipages de sous-marins en Angleterre. Ces derniers ayant été remis au régime commun, il en est de même
des premiers.

17 juin. — Il est question de grouper dans un camp spécial, où ils auraient une installation de faveur, les officiers
belges de la zone flamande. Ceux-ci protestent qu'ils sont
Belges avant tout. Mais que signifie cette mesure, sinon le
projet des Allemands de se rendre favorables les officiers
flamands au cas où la zone flamande serait annexée Ou
encore le désir de semer la jalousie entre flamands et wal-
lons, et de créer des dissensions entre compatriotes, comme
on l'avait essayé à Burg, en séparant les Irlandais des
Anglais ? Dans le premier cas, espérons que cet espoir sera
vain. Dans le second, on peut être certain qu'il le sera.

Le temps continue à être d'une sécheresse extrême, je
serai bien étonné si la récolte des pommes de terre donne
des produits abondants.

20 juin. — Conversation intéressante avec le lieutenant
allemand commandant provisoirement le camp, toute courtoise d'ailleurs.

Par cette conversation, j'ai appris qu'il avait été question
de me traduire devant un conseil de guerre, parce que j'ai,
dans mes notes de captivité saisies à Burg au cours d'une
fouille, fait allusion à la responsabilité de l'Empereur dans
cette guerre, et qu'on y a renoncé parce que ce papier n'est
pas publié ; mais on avait pensé à me transférer dans un
autre camp moins confortable.

D'autre part, le Ministère désavoue le capitaine d'artillerie qui m'a interrogé à Leveau et à Maubeuge, sur les canons
anglais. Il n'en est pas moins vrai qu'il avait une mission,
puisque le capitaine von Halthoff l'a excusé de sa façon de
se tenir devant moi « par la fatigue de la mission dont il était
chargé ».

En terminant, le lieutenant a exprimé très poliment le sou-
hait que nos relations réciproques me fassent oublier le
passé. Ce sera dur, mais je rends justice à ses efforts à lui
et au capitaine von Lockow surtout.

21 juin. — Un sous-lieutenant de réserve qui a perdu un œil
d'une blessure à la tête est renvoyé en France comme inva-

lide. Un capitaine de l'armée active qui a perdu l'avant-bras n'est pas renvoyé. On a estimé qu'il était encore en état de rendre des services à l'intérieur.

22 juin. — Arrivée au camp d'un médecin russe venant d'un camp de soldats où a sévi le typhus. Il y a eu plus de 600 morts chez les soldats russes contre 2 chez les Français. Lymphatisme et saleté des Russes sans aucun doute.

27 juin. — Hier un ordre du ministre de la guerre avait prescrit la confiscation, sauf remboursement de la valeur, des alcools qui pourraient être expédiés à des prisonniers. Or, le même jour un envoi de ma femme contenait une petite fiole de rhum avec d'autres produits destinés à corriger le goût désagréable de l'eau d'ici. Elle a été confisquée suivant la règle, et comme j'approuve la mesure qui a pour but de raréfier des cas d'ivresse malheureusement inévitables, je n'ai eu garde d'élever aucune objection. Ce matin, l'adjoint du commandant du camp est venu me rapporter la fiole en me disant que le médecin m'autorisait à mettre quelques gouttes de rhum dans le thé. C'était un moyen détourné de me rendre la fiole, et j'ai trouvé le procédé convenable. Il est à mettre en contraste avec celui du médecin de Burg m'interdisant de soigner un mal de gorge en plein hiver avec des infusions chaudes de tilleul. Quoiqu'il en soit, j'ai cru ne pas devoir accepter et devoir donner l'exemple de la soumission à une règle juste, et j'ai remercié l'officier de son intention gracieuse.

30 juin. — De la pluie après deux mois de sécheresse absolue, cela détend les nerfs. Pour les récoltes, je crois qu'elle arrive trop tard.

3 juillet. — La campagne de printemps s'est passée sans événement notable en France, au point de vue purement militaire ; nous avons eu un succès diplomatique par l'entrée en ligne de l'Italie. Mais cet heureux événement se trouve en partie compensé par l'échec des Russes dans les Carpathes suivi par leur évacuation, lente mais continue de la Galicie. Du coup, les pays balkaniques hésitent. Ils veulent bien prendre part à la curée, mais sans courir aucun risque. Le débarquement aux Dardanelles ne fait aucun progrès. Donc résultat général de la campagne de printemps : aucun changement notable dans l'équilibre général de la situation.

Quant à la campagne d'été, elle s'annonce terne. Nous fabriquons des munitions à outrance ; cela demandera du temps. Ainsi aucun espoir de voir finir la guerre avant l'hiver. Il faut de la patience. Nous en aurons. Mais on a besoin de toute sa force d'âme pour ne pas se laisser impressionner par les exagérations manifestes des journaux pangermanistes, les seuls que nous soyons autorisés à recevoir.

4 juillet. — Nous avons un tennis où les amateurs ont organisé des tournois en vue de constater les progrès. Le mois dernier, les officiers anglais ont eu l'amabilité d'organiser un lunch pour le dernier jour de l'épreuve. Aujourd'hui c'était le tour des Français de rendre la politesse. J'ai tenu, comme le plus ancien des officiers français, à contribuer aux frais, et je me suis fait inscrire comme membre du Club, ce que je n'avais pas encore fait. Le lunch s'est passé très cordialement. Le tennis rend service à certains officiers en leur offrant une occasion de détendre leurs nerfs par l'exercice.

8 juillet. — La poursuite des Allemands-Autrichiens en Galicie se fait sans aucune vigueur. Leurs armées paraissent à bout de souffle, fatigue des hommes, épuisement des munitions sans doute. Les Russes se replient sans être entamés. C'est un échec moral, mais non une défaite militaire par destruction de leurs armées. Ces armées reparaîtront sur le territoire ennemi quand elles seront réconfortées et approvisionnées en munitions.

Cette question des munitions paraît capitale dans la guerre actuelle. Les Allemands avaient sur nous une avance considérable. Mais nous nous organisons en France et en Angleterre, et nous les rattraperons, surtout avec l'appoint de l'Amérique. Pour alimenter les Russes, il faudrait à tout prix ouvrir les Dardanelles. On me paraît avoir trop compté sur l'action de la diplomatie pour faire faire cette besogne par les Balkaniques. Ceux-ci ne veulent qu'assister à la curée et ne se soucient pas de recevoir des coups. Or, l'échec des Russes leur fait craindre qu'il n'y ait encore des coups à recevoir. Il faut donc que nous fassions un sacrifice, et que nous enlevions nous-mêmes avec les Anglais, la presqu'île de Gallipoli. Ce jour-là, Constantinople, pris à revers, tombera bientôt.

9 juillet. — Le *Lokal Anzeiger* parle beaucoup du « Chemin de la Paix » depuis quelque temps ! Les Allemands en auraient-ils plus besoin que nous ?

12 juillet. — Retour du capitaine von Lockow qui était allé aux eaux soigner un bras malade. Nous avons une longue conversation au sujet du traitement des prisonniers de guerre. Il m'assure que le gouvernement allemand désire réparer les fautes qu'il a commises et traiter les prisonniers suivant leurs grades. Il déplore que le gouvernement français ne paraisse pas disposé à en faire autant. J'assure à mon tour que cela viendra lorsqu'il sera certain que la mesure est générale et bien appliquée. J'émets l'avis que la question du traitement des prisonniers devrait être réglée par l'intermédiaire de l'ambassadeur d'Espagne et par un accord établissant un régime identique dans les deux pays. C'est aussi son avis. Je lui promets de faire savoir en France qu'un camp dans une station d'eaux sulfureuses va être organisé en Allemagne pour y soigner les prisonniers malades ou blessés. Trois officiers de notre camp sont proposés pour y faire un séjour.

13 juillet. — Un ordre du camp prescrit que les inférieurs doivent le salut aux supérieurs en grade, mais dénie à ces derniers toute autorité sur les inférieurs. Cette prescription vise évidemment un blâme que j'ai été obligé d'infliger à un officier dont la mentalité laisse fortement à désirer et qui n'a d'excuse que dans l'incohérence de son cerveau.

14 juillet. — Nous avons à l'unanimité décidé de célébrer le 14 juillet sans manifestations extérieures de joie, et surtout sans beuverie. Devant le deuil de nos familles, c'est plus digne. Toutefois j'ai réuni tous les Français dans un réfectoire et j'ai prononcé une courte allocution où j'ai fait allusion au deuil des nôtres, à l'espoir qui doit nous animer de revoir des jours meilleurs; enfin j'ai rappelé la nécessité absolue de la concorde entre prisonniers, car nous sommes observés par nos alliés auxquels il importe de ne pas donner une idée défavorable du caractère français, et aussi par d'autres témoins peu impartiaux.

Après mon allocution, j'ai serré les mains de tous les officiers, de l'adjudant et de l'ordonnance français, sans aucune exception.

Ensuite a eu lieu une manifestation des Belges qui nous a vivement touchés. Le général Leman suivi d'une délégation d'officiers belges, est entré dans la salle. Dans une allocution, il exprime la reconnaissance de la nation belge pour la nation française qui a recueilli un grand nombre de ses concitoyens, et toute la sympathie de son corps d'officiers pour les officiers français. Il m'offre ensuite un superbe bouquet d'œillets blancs, œillets rouges et œillets bleus, orné d'un drapeau français et d'un drapeau belge portant la date du 14 juillet 1915. Je lui réponds en l'assurant de l'union étroite des deux nations; nous nous serrons cordialement les mains.

Le matin à l'appel, le général et les officiers supérieurs russes m'ont félicité, ainsi que le colonel français Deslaurens comme représentant de la France.

Les Anglais restent indifférents.

Le commandant du camp nous a dit qu'il aurait personnellement voulu faire quelque chose en faveur des officiers français, mais qu'il n'y avait pas été autorisé « parce que le gouvernement français avait refusé d'améliorer la situation des Allemands prisonniers en France ? ». Nous avions d'ailleurs décidé de ne faire aucune libation.

15 juillet. — Il nous était annoncé la visite d'un délégué du quartier général français chargé de visiter les camps de prisonniers, en vue d'établir l'égalité des traitements en France et en Allemagne. Désillusion ! C'est un très honnête homme, filateur de Lille, mais qui n'a aucune mission officielle du gouvernement français, et qui a été amené à Berlin pour essayer un accord en vue du ravitaillement de la région occupée. En passant, l'autorité allemande lui fait visiter un ou deux camps bien choisis. Je l'avais pris pour un délégué officiel, et j'avais insisté pour qu'il visitât certains camps ayant mauvaise réputation. Mais il m'a paru rien moins que libre et osait à peine prendre des notes sur ce que je lui disais. Cette visite ne me paraît devoir produire aucun effet pour nous. Il est à regretter qu'un accord ne s'organise pas par l'ambassadeur d'Espagne, en vue de faire cesser le système déplorable des représailles qui tombe toujours en définitive sur des malheureux sans défense.

Dans l'après-midi, le général Leman nous fait une première conférence sur la « Science de la discipline ». Le sujet est fort étendu, car il prend pour point de départ la définition de la science. C'est un véritable cours de haute philosophie qui prendra plusieurs séances.

20 juillet. — Les nouvelles des Russes sont peu rassurantes. Ils reculent partout, mais sans se laisser entamer. Est-ce manque de munitions ? Il serait temps d'ouvrir le passage des Dardanelles pour avoir la possibilité de les ravitailler.

21 juillet. — Fête nationale des Belges. Une députation d'officiers français va, sous ma conduite, apporter au général Leman et aux officiers belges réunis nos vœux pour la libération de leur patrie, et nous leur offrons un placet contenant une pièce en vers de circonstance, sur un coussin de fleurs aux couleurs nationales belges et françaises. Les vers ont été composés par un capitaine de tirailleurs algériens. Nous avions primitivement projeté de les faire graver sur une plaquette de cuivre ; mais il fallait l'aide d'un graveur allemand. L'autorité a jugé qu'une main allemande ne pouvait se prêter à graver de semblables pensées ! Nous avions cependant évité toute allusion à l'Allemagne ! Mais nous célébrions l'honneur et la loyauté de la Belgique.

22 juillet. — Les Belges ont célébré leur fête nationale avec un calme et une dignité semblables à ceux que nous avions nous-mêmes apportés à la célébration du 14 juillet. Cela doit être ainsi pendant toute la durée de la guerre ; mais pour eux la situation est encore plus poignante, car leur sol national libre se réduit à quelques hectares derrière l'Yser, et le problème de leur existence future est angoissant.

23 juillet. — Les approvisionnements de pommes de terre des Allemands doivent devenir fort limités. La récolte nouvelle a été fort endommagée par la sécheresse et produira peu de ressources. Les tubercules que l'on nous sert sont de plus en plus gâtés ; s'il n'y a pas mieux, il ne sera pas possible d'atteindre octobre.

Visite d'un général allemand qui ne parle qu'aux Russes. Il est question de représailles interdisant aux lieutenants et sous-lieutenants russes le port de la patte d'épaule distinctive du grade et de l'écusson de la casquette. Etrange !

24 juillet. — Depuis quelque temps, des pluies presque journalières et des orages ont succédé à la sécheresse. Il fait un temps d'avril.

27 juillet. — Les lieutenants russes paraissent à l'appel sans pattes d'épaules ni écusson de casquette. Les autres officiers russes ont gardé les leurs ! Manque de solidarité !

28 juillet. — Le *Kölnische Zeitung* publie le compte rendu d'une conférence faite par le banquier suédois qui est venu visiter le camp le 10 avril 1915. Il cite les opinions du général Leman et du colonel Gordon sur le traitement des prisonniers en Allemagne, mais il n'est pas question des renseignements que j'ai donnés devant lui à l'attaché espagnol sur l'organisation du camp de Burg, et auxquels il avait prêté attention puisqu'il m'avait offert d'aller à sa rentrée à Paris donner de mes nouvelles à ma famille. L'omission vient-elle du journal ? Je l'espère.

La visite du Suédois sans mission régulière, le discours belliqueux du Ministre de Suède, déclarant que la Suède est prête à la guerre plutôt que de supporter d'être gênée dans son commerce, (or quel est ce commerce ? sinon la contrebande en faveur de l'Allemagne) donnent à craindre que les sympathies suédoises soient pour les Allemands.

31 juillet. — Ce matin, un service catholique a été célébré dans notre petite chapelle à la mémoire des héros des armées alliées tombés sur les champs de bataille. Les catholiques français et belges y ont tous assisté. Les officiers russes et anglais ont envoyé des députations, ainsi que les officiers français et belges des autres confessions. Combien nombreux sont hélas ! ceux pour lesquels nous avons prié !

2 août. — Les journaux allemands ont fait grand bruit d'un renchérissement de 30 % de la vie en France. Or je relève dans la *Gazette de Lorraine* les indications suivantes pour Berlin.

Légumineux, renchérissement de	184 à 209 %
Pommes de terre, renchérissement de.....	96 —
Farines, renchérissement de	47 à 65 —
Riz, renchérissement de.................	151 —
Orge perlé, renchérissement de..........	165 —
Œufs, renchérissement de................	61 —
Bœuf, renchérissement de...............	35 —
Veau, renchérissement de................	36 —
Porc, renchérissement de...............	97 —
Mouton, renchérissement de.............	46 —

En Autriche, il y a deux jours par semaine *abstinence de viande*. Nous n'en sommes pas là en France !

4 août. — Un an de guerre, et rien n'est fini, aucune décision ne se dessine. Nous tenons ferme à l'Ouest ; à l'Est, les Russes reculent lentement en infligeant des pertes sérieuses à l'ennemi, et sans laisser entamer leurs armées. L'Allemagne n'a obtenu d'autres résultats que d'avoir hissé de temps à autre son drapeau sur ses édifices et d'avoir entonné quelques *Deutchland über Alles* ! Mais seuls quelques pangermanistes peuvent escompter leur victoire finale; les vrais militaires doivent sentir que le dernier acte du drame ne se joue pas encore, qu'il n'est même pas commencé.

Quand j'ai quitté ma chère femme, le 2 août 1914, je croyais la quitter pour une période de 4 à 6 mois ; j'étais loin du compte. Si nous partons avant 18 mois de guerre, je m'estimerai fort heureux. Notre moral n'est pas ébranlé, mais nous ne voyons pas se dissiper les nuages qui cachent l'avenir, et nous ne pouvons qu'attendre, attendre avec confiance. Le bon droit est pour nous. J'espère que la justice de Dieu frappera les vrais coupables. Il est temps maintenant que justice soit faite de ceux qui ont rendu cette guerre inévitable.

10 août. — L'autorité allemande refuse de délivrer les vêtements kaki venant de France et d'en laisser fabriquer par le tailleur allemand, sous prétexte que ce vêtement n'est pas réglementaire. Ceux d'entre nous qui en ont reçu ou en ont fait faire antérieurement peuvent les porter jusqu'à nou-

vel ordre. Nous sommes persuadés que le kaki est devenu
réglementaire, en place du blanc, pour les effets de toile ;
mais je n'ai pû en donner une preuve. Nous écrivons en
France pour avoir une certitude à ce sujet et n'y voyons
pour le moment qu'une simple tracasserie.

Le dernier faubourg de Varsovie est évacué par les Russes
qui n'y avaient laissé qu'une faible arrière-garde. Les Allemands exultent et célèbrent leur entrée dans cette ville
comme une victoire. C'en est une morale, mais non militaire ; car les Russes ont sagement évité de tenter une défense
inutile ; la fortification de Varsovie n'était pas à hauteur de
l'artillerie moderne.

13 août. — Les journaux allemands parlent beaucoup de la
paix. Ils en ont donc plus besoin que nous. Ils voudraient
se la voir demander, mais nous ne le ferons pas. Notre
groupe est décidé à vaincre, et les démarches pour l'achat
(il n'y a pas d'autre mot pour stigmatiser ce marchandage)
des puissances balkaniques sont en bonne voie ; on y mettra
le prix, j'espère.

14 août. — M. le capitaine von Lockow m'a conduit voir
dans l'hôpital où il est soigné, un sous-lieutenant qui était
avec nous à Blankenburg. Cet officier vient d'être opéré
de calculs du rein, opération fort grave. Je l'ai trouvé bien
installé dans un hôpital immense (2.000 lits), entièrement
neuf et fort bien aménagé, mais de style lourd. Tenue d'une
propreté irréprochable ; superbes salles d'opérations et de
mécanothérapie. Le sous-lieutenant se loue beaucoup des
soins qui lui ont été prodigués. J'ai admiré là le si méthodique esprit d'organisation de la race allemande.

J'écris à la sœur du lieutenant pour lui en donner des
nouvelles et la rassurer.

15 août. — Trois officiers français sont dirigés sur un
autre camp installé dans une ville d'eaux sulfureuses sur la
frontière du Hanovre, pour y soigner, deux des rhumatis-
mes chroniques, un les douleurs consécutives à l'amputation
d'un bras.

17 août. — La température a fraîchi considérablement, 13 à
14°, on se croirait au mois d'avril, et non au mois d'août.

20 août. — Les états Balkaniques ne prennent encore pas de décision. Ils sont évidemment impressionnés par la retraite des Russes et le tapage que font les Allemands sur des victoires qui leur donnent des régions dévastées, mais peu de butin en prisonniers ou canons, et ne désorganisent pas les armées russes. La tactique des Russes ne peut-être que de reculer lentement sans se laisser entamer tant que nous ne pourrons leur apporter par les Dardanelles des canons et des munitions qu'ils payeront avec leur blé.

Quant aux Balkaniques, à part Venizelos, ils n'ont que des dirigeants à courte vue. Si les Allemands sont vainqueurs, ils reprendront l'idée d'arriver à la Méditerranée par Salonique. Ils parlent déjà d'une offensive dans cette direction pour donner la main aux Turcs en passant sur la Serbie et la Bulgarie. Quand ils réaliseront leur programme, la Grèce aussi sera sacrifiée. Pour ne pas céder aujourd'hui quelques hectares à la Bulgarie, la Serbie court le risque de les céder à l'Autriche avec bien d'autres en supplément, et de perdre tout espoir d'avoir la Bosnie ou l'Albanie. Pour ne pas céder Cavalla aux Bulgares, la Grèce court celui de céder Salonique aux Autrichiens avec la Macédoine, de perdre tout espoir de se créer une colonie en Asie Mineure, et de recevoir Chypre. La Bulgarie devra dans la même hypothèse, renoncer à la Macédoine, tant serbe que grecque, qui deviendra autrichienne, et à toute la zone d'Andrinople jusqu'à la ligne Enos-Midia qui restera Turque. Enfin la Roumanie perdra tout espoir d'obtenir le Siebenburger et la partie de la Bukovine qu'elle convoite. Tous, sans exception, ont tant à perdre avec la suprématie allemande qu'il est incompréhensible qu'ils ne marchent pas de notre côté.

Les journaux allemands font grand tapage de quelques dissentiments qui se seraient élevés entre le ministre de la guerre Millerand et certains députés à courte vue dont le cerveau est obscurci par des rancunes sans grandeur et un esprit de parti qui étouffe le patriotisme. J'espère que la Chambre française saura faire taire ces insensés. L'unité française était impressionnante jusqu'ici. C'était une victoire morale. Il ne faut pas faire le jeu de l'ennemi en atténuant la puisance de cette victoire.

23 août. — Enfin, les Italiens viennent de se décider à déclarer la guerre à la Turquie. Et à l'Allemagne ? En vérité, l'Autriche et la Turquie ne sont rien ; c'est l'Allemagne qui les fait manœuvrer, et c'est elle qu'il faut frapper. Si elle succombe, les autres s'écrouleront comme un château de cartes.

28 août. — Les Allemands sont fiers d'avoir enlevé tant de places fortes aux Russes. Le fait n'est pas niable ; mais les Russes ne les ont défendues que juste le temps nécessaire pour effectuer la retraite des armées ; ils ne se sont pas entêtés à résister, sachant qu'aucune d'elles n'était à l'épreuve de la grosse artillerie allemande.

Que n'avons-nous fait de même à Maubeuge ! La place n'était à l'épreuve que de l'artillerie lourde d'armée, pas même de l'artillerie de siège ancienne, et à coup sûr pas des nouveaux calibres 305 et 420. Le général Leman m'a raconté avoir lu, avant la guerre, des rapports sur les résultats du 280 allemand. Ils étaient déjà terrifiants pour les places nouvelles, *a fortiori* pour des places de second ordre comme Maubeuge. L'autorité supérieure française devait les connaître aussi, ces rapports. Elle a même dû par ses agents connaître l'existence du 305 et du 420. Comment, dans ces conditions, a-t-on pu sacrifier Maubeuge et ses 40.000 défenseurs ? On a eu peur sans doute de l'effet moral sur le public; mais cet effet s'est tout de même fait sentir treize jours plus tard. Il doit cependant être dit, à la décharge de nos chefs, que l'évacuation de Maubeuge aurait peut-être démoralisé les troupes qui ont si vaillamment gagné la bataille de la Marne. Maubeuge a, en outre, occupé pendant cette bataille de nombreuses batteries et un ou deux corps d'armées, qui eûssent peut-être, par leur action, changé les résultats sur la Marne ou sur l'Aisne. C'est cette pensée qui doit nous consoler. Notre sacrifice n'a pas été tout à fait inutile.

29 août. — La Chambre française s'est heureusement ressaisie. Elle a fini par comprendre que les questions électorales et de parti devaient céder le pas au besoin absolu de l'Unité pour la défense du pays. Les journaux allemands chantaient déjà victoire ; les Balkaniques aussi en auraient profité pour refuser leur concours. La Chambre a vu le danger, un peu tard ; mais elle l'a vu, c'est le principal. Il ne fallait pourtant pas être bien grand clerc pour calculer les

conséquences d'un désaccord en France ! le sens commun
est décidément assez rare dans l'humanité !

31 août. — La température ne cesse pas de changer avec
des variations brusques et importantes. Il fait presque froid.
Beaucoup d'officiers subissent des atteintes de grippe à la
gorge, à la poitrine, ou aux intestins. Je n'échappe pas à
la contagion. Mais ce n'est rien de grave, car la meilleure
médication — le repos avec quelques précautions — est plus
facile à suivre pour la plupart d'entre nous, en captivité,
hélas ! qu'en liberté avec nos occupations forcées.

1er septembre. — J'apprends avec grand plaisir que mon
neveu René Delarue vient d'obtenir la Croix de guerre et le
troisième galon. Bravo ! Il marche sur les traces de son père
qui doit être fier de son fils.

2 septembre. — C'est l'anniversaire de Sedan. Les Allemands le fêtent bruyamment. J'espère que c'est pour la
dernière fois.

Je viens de lire une brochure fort curieuse d'un Allemand
contre un Allemand, Nietzsche contre Wagner. Nietzsche
se défend d'être allemand autrement que par accident ; il
est de fait que le style de la brochure, fin, spirituel, et même
blagueur, tient plus de l'élégance française que de la solennité allemande. Il traite durement ses compatriotes « Les
Germains ! de la discipline et de longues jambes ! » — « En
Allemagne, dit-il en une lettre à son éditeur, le nombre de
1.000 exemplaires pour un *ouvrage de style élevé* semblera
peut-être un peu hasardé. En France, je compte très sérieusement sur 40.000 à 80.000. » Et cependant, il ne peut, par
les pensées qui forment le fond, la base de ses théories,
renier son origine. Il réserve toute son admiration pour
« l'être chez qui *l'abondance de vie* est la plus grande, Dio-
nysos, l'homme dionysien, qui se plaît seulement au spectacle du terrible et de l'inquiétant... » Il traite avec mépris
« l'homme *pauvre en force vitale* qui aurait le plus grand
besoin de douceur, d'aménité, de bonté, de ce qu'on appelle
aujourd'hui humanité... ». Qu'est cela, sinon sous une autre
forme, le culte de la force, théorie foncièrement allemande ?
Le plus piquant est qu'au nom de cette théorie il con-
damne tous les sujets traités dans ses drames par Wagner,

parce que Wagner y a fait intervenir l'idée de rédemption et l'idée chrétienne. Pour ce motif, il le qualifie de *décadent*.

9 septembre. — Les Russes changent leur généralissime. Le grand duc Nicolas n'a pas réussi ses attaques en Prusse Orientale ni dans les Carpathes ; sa retraite méthodique et bien ordonnée n'a pas été appréciée ; et le sentiment public en Russie lui est défavorable. On espère mieux du général Alexeieff. En tous cas, l'arrivée au poste principal d'Alexeieff qui est un parvenu, fils de ses œuvres, est l'indice de toute une révolution sociale. Au parti des grands ducs et de la puissance due à la naissance succéderait le parti du mérite et de la valeur personnelle. C'est du moins l'impression que je retire de mes conversations avec le général Ilinski.

11 septembre. — Les Russes viennent de remporter deux brillants succès au sud ; les Allemands trouvent plus simple de les nier, et pour cause, car c'est en ce moment la souscription au 3ᵉ emprunt et tout insuccès pourrait en influencer désagréablement le résultat. Dans le même ordre d'idées, la *Gazette de Lorraine*, journal écrit en français, mais d'inspiration purement allemande, et qui publie chaque jour un résumé des opérations qui se sont passées à même date en 1914 *n'a pas fait la plus petite allusion aux combats si désastreux pour les armées allemandes du 6 au 12 septembre entre la Marne et l'Aisne.* Voilà comment le peuple allemand est renseigné ! !

12 septembre. — La *Gazette de Lorraine* vient de faire une allusion à la bataille de Montmirail, mais elle en fait une *victoire allemande !* Etrange impudence ! C'est d'ailleurs le système de nos ennemis ; cacher leurs défaites, exalter leurs succès.

14 septembre. — On voit le même procédé dans le récit des combats victorieux pour les Russes autour de Tarnopol. Rejetés du Sereth sur la Strypa, les Allemands se vantent d'avoir pris *de nouvelles positions favorables à l'ouest des précédentes, sans avoir été inquiétés par les Russes* (Berlin, *Lokal Anzeiger*). Le bon bourgeois qui n'a pas de carte sous les yeux conclut naturellement à un succès, tandis qu'il s'agit d'une vraie défaite locale et d'un recul des Allemands.

21 septembre. — Gelée blanche cette nuit ! L'hiver commence de bonne heure dans ce climat !

La question balkanique est bien longue à se décider. Mais on est en droit de croire à une solution prochaine.

23 septembre. — Je reçois confirmation de la mort d'un de mes cousins germains, disparu depuis un an, blessé dans un combat. Il est mort en héros avec une citation à l'ordre de l'armée et la Croix de guerre accordée à sa mémoire. C'est la quatrième citation à l'ordre que mérite un membre de ma famille dans cette guerre. Nous savons tous faire notre devoir devant l'ennemi, et j'en suis fier.

25 septembre. — Les Allemands annoncent que la souscription à leur emprunt se monte à plus de 12 milliards. Je suis convaincu que c'est un bluff monstre. Tous leurs paiements pour fournitures de guerre, ou autres, doivent se faire, non en argent liquide, mais en titres du nouvel emprunt. C'est un expédient qui sauve les apparences, mais n'enrichit ni l'Etat ni les particuliers. Le règlement de comptes fera ressortir la situation vraie, mais ainsi, la guerre peut continuer encore six mois, à raison de 2 milliards par mois, du moment que l'Allemagne n'a pas à exporter de l'or.

27 septembre. — Il paraît que dans ces 12 milliards entrent, pour plus de 5 milliards, des effets de commerce. Ce sont évidemment les livraisons déjà faites que l'Etat payera avec le montant de cet emprunt. Donc il ne dispose réellement pour de nouvelles livraisons que de 7 milliards, et encore sur ces derniers une part importante a été souscrite et versée en titres des emprunts précédents, ce qui équivaut pour les souscripteurs à faire un virement d'emprunt à emprunt. Le succès n'est donc qu'apparent. Nous verrons bientôt le fond de la caisse du Trésor.

Une offensive sérieuse paraît se déclancher dans le Nord de la France et en Champagne. Nous avons eu des succès locaux importants. Puissent ces succès continuer. Notre cœur vibre à l'unisson de nos braves troupes.

28 septembre. — Nous avons fait 20.000 prisonniers non blessés en Champagne, c'est au moins 80.000 hommes de pertes totales pour les Allemands. Bravo pour nos troupes ! La joie règne parmi nous.

Un nouveau journal allemand rédigé en français et qui donne la liste de *tous* les prisonniers français en Allemagne fait ressortir leur nombre total à 270.000. C'est beaucoup moins que d'autres ne l'avaient prétendu !

3 octobre. — Les récits des journaux ne parlent plus de progrès sérieux de notre offensive. Que se passe-t-il donc ? Trouve-t-on le résultat hors de proportions avec les pertes, ou nous cache-t-on la vérité, ce qui est bien possible. De même, il y a huit jours qu'on a parlé d'une nouvelle offensive dans les Balkans, et les journaux sont muets. Les Turcs ne parlent que de patrouilles et comptent comme butin des baïonnettes ! Sûrement, le mot d'ordre est donné de laisser sous silence ce qui se passe là-bas.

4 octobre. — Un renseignement verbal donné par un capitaine allemand évalue les pertes allemandes en Champagne à un chiffre considérable, plus de 100.000 hommes. On peut donc avoir bon espoir.

De concert avec le capitaine von Lockow, j'écris au député Pasqual, notre ancien camarade de captivité, pour faire préciser quelle doit être l'autorité des gradés de toute catégorie vis-à-vis des inférieurs, qu'il s'agisse d'officiers ou de sous-officiers. L'autorité allemande voudrait conserver l'autorité des sous-officiers prisonniers sur les soldats, parce qu'elle y voit une commodité pour elle en raison du grand nombre de ces derniers, mais elle fait des restrictions en ce qui concerne les officiers parce qu'ils sont moins nombreux et qu'elle voudrait avoir seule son mot à dire à ce sujet. Je n'admets pas cette théorie, il n'y a qu'une seule discipline.

5 octobre. — L'administration allemande vient de nous faire don gracieusement de deux jeux de boules et nous installe un gymnase. Oh ! Oh ! que d'amabilités ! Que nous sommes loin des temps de Burg !

Nous avons fait ces jours-ci prisonniers 23.000 hommes et plus de 400 officiers allemands. C'est là l'explication.

8 octobre. — Voilà les Bulgares dans le camp ennemi. Nous payons cher la façon décousue dont est menée l'action des Dardanelles. Nous ne savons pas inspirer confiance en notre force.

En France, nous ne progressons que lentement alors qu'il faudrait un succès éclatant et indiscutable. Nous sommes encore loin des nôtres pour tout l'hiver, hélas !

Le présent n'étant pas trop encourageant, je me plonge de plus en plus dans les souvenirs du passé, pour oublier l'heure actuelle.

9 octobre. — J'apprends la mort héroïque de mon neveu, le capitaine de cavalerie René Delarue, tué au combat du 25 septembre. Le mois dernier, ce malheureux garçon avait été cité à l'ordre de l'armée, décoré de la Croix de guerre et promu capitaine, il avait devant lui les plus belles perspectives d'avenir, et le voilà tué, laissant une veuve et un baby de quelques mois. Ma famille est cruellement éprouvée ! C'est le cinquième de mes parents tués à l'ennemi. Nous avons par contre eu 5 citations à l'ordre de l'armée.

11 octobre. — Le journal *Tageszeitung* auquel j'étais abonné est suspendu. Il y a donc des gens qui commencent à trouver que tout ne va pas bien en Allemagne ! Je suis convaincu que les Allemands sont au bout de leurs réserves. Les Russes, Anglais et nous, nous en avons. Nous pouvons donc durer. C'est ce qu'il faut faire. Il faut les épuiser. Je ne compte pas sur la fin des hostilités avant l'été prochain, à moins que, à bout de souffle, les Allemands n'offrent une paix acceptable ; leur orgueil sait faire place à un autre sentiment quand ils ne se sentent pas les plus forts.

13 octobre. — Un officier vient d'arriver d'un autre camp où il prétend que les prisonniers jouissaient de plus de confortable et de liberté qu'ici. C'est possible, mais peu m'importe ! Du moment que c'est supportable, je me résigne. Que dirait cet officier s'il avait connu Burg ! ! et puis j'aime mieux être ainsi. Il n'est pas mauvais de pâtir un peu ; j'aurais honte d'avoir la vie trop douce pendant que les camarades sont sur le front, dans la pluie et la neige, et exposés à tout moment à se faire casser la figure par une balle allemande.

16 octobre. — Plusieurs officiers reçoivent des lettres où percent des espérances d'événements favorables et prochains qui ne correspondent pas aux nouvelles que publient les journaux allemands. Cachent-ils la vérité au public ? C'est fort possible. C'est ainsi que nous n'avons appris qu'au bout de plusieurs jours combien avaient été sanglants pour eux les combats du 7 au 9 octobre au nord d'Arras. Toutes les suppositions sont permises, mais il serait dangereux de faire de trop beaux rêves. Que veut dire cette attaque contre la Serbie ? Est-ce la tentative hardie d'un ennemi qui méprise ses autres adversaires et ne craint pas d'aborder un nouveau champ de bataille ? Est-ce la tentative désespérée d'un peuple manquant de vivres et de matières premières pour la fabrication des munitions, et qui cherche à s'ouvrir un débouché par la Bulgarie et la Turquie ? Mystère et Patience !

18 octobre. — Le major allemand dont j'ai déjà parlé il y quelques mois m'annonce que des pourparlers ont lieu entre les deux gouvernements pour déterminer les droits des prisonniers d'écrire pour eux-même toutes notes et travaux qu'il leur plaît, et ajoute que par suite, il pense pouvoir me rendre bientôt mes notes de captivité saisies à Burg.

Il m'entretient aussi de la sévérité des punitions de piquet infligées aux prisonniers allemands au camp de Dinan, sévérité qui dépasse les limites prévues par le règlement allemand, et qui pourrait provoquer des représailles sur nos pauvres troupiers français. Je déplore le système des représailles sans avertissement préalable, car la situation des prisonniers, déjà si pénible par elle-même, en est toujours aggravée.

25 octobre. — Dans un article écrit le 9 octobre 1914 par un certain Houston Stewart Chamberlain, qui se dit anglais, mais habite Bayreuth en temps de guerre, et dont toutes les phrases respirent la haine et le mépris de l'Angleterre, en même temps que l'admiration de l'Allemagne, se trouve l'affirmation que l'Angleterre avait, dès 1913, envoyé du matériel de guerre à Maubeuge. Ainsi donc, ce n'est à coup sûr, pas de son propre crû, et quoique m'en ait dit l'adjoint au commandant du camp le 20 juin dernier, que le capitaine d'artillerie allemand dont j'ai parlé au début de mes souvenirs, m'a interrogé en vue de savoir s'il y avait réellement du matériel anglais à Maubeuge. C'est une thèse qui a cours en Allemagne. Elle a pour but de rejeter sur l'Angleterre la préparation et la déclaration de la guerre ! Le même vilain pamphlet affirme qu'avant le 30 juillet de nombreux trains de troupes françaises avaient pénétré en Belgique, et que le 45e régiment d'infanterie française prenait à la même date garnison à Namur. Ce sont des mensonges impudents !

29 octobre. — Je viens de lire une brochure allemande écrite en français, dûe à un professeur Rosenberg, et qui est destinée à riposter à l'ouvrage français « la guerre allemande et le catholicisme », dont le parti catholique, avec plusieurs évêques français et deux cardinaux, a patronné la publication. La brochure allemande est écrite en bonne langue française, et dans une forme très modérée, à laquelle il est équitable de rendre justice. Mais elle a la prétention de disculper tous les crimes imputés à l'Allemagne par une discussion pied à pied. Or les arguments qu'elle invoque sont d'une faiblesse enfantine ou frisent le grotesque. Elle justifie par exemple l'invasion de la Belgique par des fariboles comme les suivantes. Il a été vu en Belgique avant la déclaration de guerre deux officiers et huit soldats d'artillerie française. Donc c'est la France qui la première a violé la neutralité belge. Pour mieux préciser, le témoin décrit les uniformes ; il a vu dit-il, des officiers d'artillerie avec des pantalons *noirs* à double bande rouge, et passepoil *bleu*, et avec des képis rouges ; les soldats d'*artillerie* avaient des pantalons et képis *rouges*, des sacs, mais pas d'armes ! Or ce ne sont pas là des uniformes militaires. C'étaient peut-être des orphéonistes ! Le témoignage d'un Français invoqué par l'auteur paraît basé sur une erreur de date facile à vérifier.

En outre, la brochure affirme que la neutralité de la Belgique n'entraînait pas inviolabilité. Et voici la raison qu'elle donne. Lors de la déclaration de neutralité de la Belgique, deux rédactions ont été examinées. La première disait : « La Belgique sera neutre, son intégrité et son inviolabilité sont garanties, etc... » Il y avait redondance de mots dans le second membre de phrase, c'est pourquoi la seconde rédaction : « La Belgique sera indépendante et neutre » a prévalu. Elle affirmait les deux principes avec le minimum de mots. C'est pourquoi elle fut adoptée. Mais de la suppression du mot inviolabilité, la brochure conclut que les Allemands avaient le droit de violer le territoire belge.

De même la convention anglo-belge spécifiait un accord

« en cas d'attaque de la Belgique par l'Allemagne ». Cette clause restrictive, quoique citée, est passée sous silence dans la discussion.

Le reste des raisonnements n'a pas plus de valeur.

30 octobre. — Nous venons d'avoir de fortes gelées — 8°. L'hiver paraît précoce. Pourvu que nos pauvres troupiers n'en pâlissent pas trop ! On dit qu'une partie de la récolte de pommes de terre en Allemagne n'a pas encore pû être rentrée faute de bras. Cette gelée sera donc un désastre pour nos ennemis. Déjà, les journaux allemands ont publié une longue circulaire du Ministre de l'Agriculture qui a toutes les allures d'un plaidoyer contre des attaques. En termes familiers, elle peut se résumer comme suit : « J'ai fait tout ce que j'ai pû pour améliorer la situation des approvisionnements de pommes de terre ; je ne puis pas davantage. Débrouillez-vous, et faites que les paysans consentent à vendre leurs pommes de terre au prix que j'ai fixé. » Cela semble le signe précurseur d'une disette.

D'autre part, à partir du 1ᵉʳ novembre, la vente de la viande est interdite le mardi et le vendredi ; les restaurants ne pourront plus servir d'aliment cuit à la graisse deux jours par semaine ; la vente de la viande de cochon est interdite le samedi. Décidément le blocus des ports par l'Angleterre fait son effet et les ressources de l'Allemagne s'épuisent.

31 octobre. — Visite du général, prince Max de Bade. Parlant parfaitement français, il se montre très aimable.

2 et 5 novembre. — A ces deux dates ont lieu dans la petite chapelle improvisée du camp, des services religieux, l'un du culte protestant, l'autre du culte catholique, en l'honneur de nos morts de cette guerre. Presque tous les officiers et soldats, quelque soit leur religion, se sont fait un devoir d'y assister.

14 novembre. — La marche des événements sur tous les fronts ne fait pas prévoir une fin prochaine des opérations. Nous nous préparons à passer encore en Allemagne tout l'hiver et le printemps de 1916. La seule discussion porte sur les chances d'y passer aussi l'été. Je penche vers cette dernière solution, car je n'ai pas la sensation que la Russie et l'Angleterre soient en mesure de frapper de grands coups avant le printemps, et il faudra bien plusieurs mois pour obtenir des résultats décisifs, sans compter la durée des négociations de paix.

19 novembre. — Le temps est sombre, humide et triste. Ce n'est pas étonnant pour la saison, mais, sous un pareil ciel, il faut faire effort sur soi-même pour garder son moral intact, surtout avec les nouvelles tendancieuses des journaux allemands. Je lis et je travaille beaucoup, m'efforçant de donner à mon esprit d'autres aliments non déprimants.

25 novembre. — Nouvelle visite de l'ambassade américaine pour les dix Anglais ! Quelle sollicitude !

Froid et neige ! Les nuits sont glaciales.

29 novembre. — Le froid descend à — 12°. Il paraît installé pour longtemps.

Le campagne de Serbie paraît arrivée à son point maximum. Les Serbes ont retraité en bon ordre, ne livrant que des actions d'arrière-garde, et sont retranchés dans les montagnes. Quant à l'envoi de notre corps de secours, il a eu pour résultat d'occuper Salonique, d'empêcher les Grecs de le livrer aux Allemands d'où ceux-ci auraient pû incommoder nos escadres, et de constituer une base navale pour les opérations dans la Méditerranée orientale. Par contre, les Allemands ont réussi à rétablir leurs communications avec la Turquie et pourront lui faire parvenir des munitions ou en tirer quelques approvisionnements. La guerre se complique en étendant son front, mais l'aspect général reste le même, une ligne défensive de plus en plus étendue, avec la *durée de résistance*, comme facteur principal de la victoire définitive.

D'après les calculs, les pertes allemandes seraient jusqu'à ce jour : 379 listes (armée prussienne : 2.179.000 h. ; autres allemands : 700.000 h. environ).

Soit au total 2.879.000 hommes dont 1/3 blessés peuvent retourner au combat ; soit de perte sèche 2.000.000. On peut y ajouter 1.000.000 Autrichiens et 500.000 Turcs et Bulgares, soit un total de 3.500.000 combattants en moins.

Je manque malheureusement de données sur nos pertes et celles de nos alliés, mais la Russie a des réserves. Au point de vue financier, l'Allemagne a déjà emprunté 25 milliards, alors qu'en France nous n'avons encore demandé à l'épargne française que 13 milliards. L'Angleterre a encore d'énormes ressources. Tout permet donc d'espérer que c'est nous et nos alliés qui aurons les éléments de durée dans la résistance.

J'apprends encore la mort de deux cousins, victimes de la guerre. Cela fait sept membres de ma famille !

4 décembre. — Nous venons de voir dans un journal belge les prévisions du magnifique succès de l'emprunt français. Ces prévisions confirment le pronostic des lignes ci-dessus. Elles sont de nature à faire réfléchir les sphères allemandes qui pensent froidement ; aussi les journaux les cachent-ils soigneusement ; ils ont même l'aplomb de dire que nous sommes réduits à lancer des listes de souscription au Canada. En parallèle, on peut placer l'insuccès de l'emprunt autrichien et la crise financière et politique qui vient de motiver le changement de trois ministres, dont ceux de l'Intérieur et des Finances, et le voyage de Guillaume II à Vienne, en vue sans doute de ranimer l'ardeur de combattre chancelante de l'Autriche-Hongrie.

D'autre part, la publication des conditions de paix réclamées par l'Angleterre, qui, en toute justice, ne répondent pas à notre situation actuelle de lutte sans victoires, est de nature à prouver aux Allemands que la Triple Entente n'est nullement battue ni découragée et veut plus que jamais en arriver à ses fins. Ayons donc bon espoir !

5 décembre. — La presse d'ici jette un cri d'alarme au sujet de la Suède qui cesserait d'approvisionner l'Allemagne pour approvisionner la Russie. La Suède ferait une volte face qui en dit long sur l'avenir, et l'Allemagne montre de l'inquiétude.

12 décembre. — Retour de la neige, mais elle dure peu.

La campagne en Serbie paraît avoir réellement échoué. Manque de décision et de rapidité d'organisation des alliés. La France seule a fait son devoir pour essayer une diversion en faveur des Serbes. Comprendra-t-on la nécessité d'une direction unique ? Le grand conseil de guerre serait une solution, mais tiendra-t-on compte de ses avis dans les conseils des gouvernements ? Les anciens Romains avaient, malgré leur constitution républicaine, décrété la *Dictature en temps de guerre*. Ce mot épouvante nos politiciens. Ils ont tort ; ce serait le seul moyen de réussir. Chez nos ennemis, l'empereur allemand commande et l'Autriche, la Turquie, la Bulgarie exécutent ses ordres sans hésiter. C'est là la raison de leurs succès. Il faut vaincre d'abord. Les succès diplomatiques et financiers viennent ensuite d'eux-mêmes renforcer les succès militaires.

15 décembre. — Inspection du camp par un divisionnaire allemand. Salut sans plus.

18 décembre. — Le capitaine von Lockow réunit quelques officiers français, et nous lit des extraits d'une lettre d'un officier allemand prisonnier en France dans un camp dont il ne croit pas devoir dire le nom, mais qui paraît devoir être un fort des Alpes, lettre parvenue en fraude par un grand blessé qui a été échangé. Cet officier se plaint du régime auquel il est soumis. Le capitaine von Lockow nous demande d'écrire une lettre qu'il ferait parvenir en France et indiquant que notre sort est plus confortable que celui qui y est dépeint.

Je réunis des représentants de tous les grades français, et après échange de vues, nous constatons que la lettre de l'allemand est rédigée dans un ton haineux et injurieux qui ne permet pas à des officiers français d'en faire état. D'ailleurs, sauf quelques petits détails, le régime dont il se plaint est le même dont pour certains points nous pâtissons nous-mêmes dans ce camp qui passe pour privilégié, et dont plus durement encore pâtissent nos camarades d'autres camps. Je décide donc d'écrire en mon nom personnel au capitaine von Lockow une lettre dont voici la copie.

« Après avoir pris connaissance réfléchie d'une traduction bien littérale des extraits de lettre que vous nous avez communiqués hier et dont je vous envoie ci-joint une copie en français, j'ai constaté que cette lettre était écrite dans un style haineux et injurieux et d'une « humeur irritée », comme l'avoue lui-même l'auteur. Je ne veux pas me mettre sur un pareil terrain de récriminations, bien que la plupart d'entre nous aient eu autrefois à se plaindre de procédés semblables sinon pires.

« Je reconnais qu'il y a eu deux manières d'opérer dans la façon dont les officiers ont été traités en Allemagne :

la première qui a duré du commencement de la guerre jusqu'au début de 1915, et qui nous laisse à tous de tristes souvenirs ; la deuxième inaugurée au début de 1915, et qui constitue une amélioration sensible, au moins pour un certain
nombre de camps.

« En ce qui concerne en particulier Blankenburg, je rends
hommage à la bonne volonté et aux efforts que vous nous
avez témoignés pour nous rendre plus supportable une
captivité bien dure par elle-même.

« Il me paraît certain que toutes les plaintes de part et
d'autre ont pour point de départ la non-observation de la
convention de la Haye dont l'Allemagne a pris l'initiative.

« Actuellement, c'est aux ambassades neutres chargées
des intérêts réciproques à s'entremettre pour établir un
modus vivendi acceptable. La visite du prêtre suisse à laquelle
fait allusion la lettre en question, comme la visite de ce
prêtre que nous avons reçue ici, et quelques autres
montrent un certain acheminement dans cet ordre d'idées ;
mais il ne me paraît pas que les ambassades fassent assez
énergiquement les démarches nécessaires.

« J'estime donc que c'est sur elles que le gouvernement
allemand doit exercer son action en vue de faire améliorer
la situation des prisonniers. »

20 décembre. — Le capitaine von Lockow me répond. Il
conteste quelques mots de traduction, lesquels d'ailleurs ne
modifient pas le sens de la lettre de l'officier allemand. Il
ajoute qu'une de mes phrases est à double sens, et que ces
phrases ne sont pas toujours diplomatiques. Je lui demande
un entretien après l'appel de ce jour. Je le prie de préciser
à quelle phrase il a fait allusion. C'est celle relative à l'initiative prise par l'Allemagne de ne pas observer la convention
de la Haye. Je lui réponds que nous savons tous que les premiers officiers allemands faits prisonniers en France ont été
laissés en liberté pendant plusieurs mois, tandis que l'Allemagne a dès le début interné les Français prisonniers dans
des camps, en violation de la convention de la Haye qui spécifie que l'internement ne peut être prescrit qu'à titre exceptionnel et doit cesser dès que la cause qui l'a motivé a
cessé d'exister. Il exprime alors le regret que ma phrase ne
lui permette pas de faire état de ma lettre pour agir soit
auprès de son gouvernement, soit auprès des ambassades

neutres. Je lui réponds que ma lettre est destinée à lui seul. Il ne m'appartient pas en effet d'ouvrir la porte à des polémiques dont je ne pourrais surveiller les conséquences.

Ce matin, à l'appel, il nous est annoncé que les lettres arrivant de France seront conservées par le bureau pendant dix jours avant de nous être distribuées, comme le sont au départ nos lettres destinées à nos familles. Il s'agirait, paraît-il, de représailles prescrites par le ministère de la guerre allemand contre les mesures que le gouvernement français viendrait de prendre. Or il convient de remarquer que le délai de retenue de nos lettres au départ est appliqué en Allemagne depuis un an, et que le gouvernement français n'a pris une mesure de ce genre qu'il y a très peu de temps, après refus de l'Allemagne de supprimer ce délai de retenue.

Quoiqu'il en soit, la retenue à l'arrivée est une aggravation de régime dont nous et nos familles serons les victimes. Le système des représailles, bon en soi vis-à-vis d'un gouvernement qui ne veut pas céder, doit être employé avec une grande précision dans les moyens, car toute surenchère entraîne une contre-surenchère, et cette guerre de coups d'épingle finit par se faire à nos dépens et non plus à notre avantage.

21 décembre. — Brusque arrivée du froid ; hier — 2°, cette nuit — 11°.

22 décembre. — Le froid augmente. Cette nuit le thermomètre est descendu à — 20°. Il faisait encore — 17° à 9 h. matin, et — 11° à 2 h. soir. Heureusement il n'y a pas de vent et le soleil brille, c'est donc supportable. J'espère que nos pauvres soldats dans la tranchée n'ont pas une température aussi rigoureuse en France.

23 décembre. — Température de la nuit — 8°. Chute de neige dans la journée.

24 décembre. — Le commandant du camp fait, à l'occasion de Noël et à titre exceptionnel une distribution de lettres aux officiers français. Nous lui en sommes reconnaissants. Il offre, en outre, des fleurs aux officiers généraux.

Nous nous demandons ce qui va résulter des opérations en Orient. Le décousu qui y règne permet d'avoir quelques c aintes ; heureusement que ce n'est pas sur ce théâtre que se dénouera la crise actuelle ; c'est sur le Rhin et l'Elbe.

Visite d'un pasteur suisse, habitant Berlin depuis 12 ans ; nous sommes autorisés à causer librement. Il m'apprend trois choses :

1°) Il existe en Allemagne deux espèces de camps de prisonniers, les camps dits permanents, les seuls que les neutres sont autorisés à visiter, et les camps dits de passage que les ambassades ne sont pas autorisées à visiter, mais où des prisonniers n'en restent pas moins des mois entiers dans des installations insalubres et infectes. Il a, lui, comme aumônier. été chargé d'un de ces camps où les soldats étaient logés dans une *porcherie*.

2°) Les sympathies allemandes de l'ambassadeur espagnol à Berlin, P... de B... sont de notoriété publique en Allemagne. Dans des déclarations, des conférences, l'ambassadeur espagnol se montre tout acquis à l'Allemagne. Il n'y a donc rien d'étonnant à ce qu'il gère si mal les intérêts français. Je m'en étais aperçu du reste...

3°) Nous nous plaignons des délais avec lesquels notre correspondance est transmise ou nous est remise. Or dans un camp dont il était aumônier, les délais, tant à l'arrivée qu'au départ, étaient de *trois mois*. On comprend les représailles prescrites en France, pourvu toutefois qu'on ne dépasse en rien les mesures déjà prises par l'Allemagne.

26 décembre. — La Noël a été célébrée très simplement, et sans réjouissance hors de saison.

28 décembre. — Les journaux allemands essayent de présenter comme un échec le résultat de l'emprunt français, sous prétexte qu'il n'atteint pas les prévisions fantaisistes lancées avant l'émission. Mais il n'en reste pas moins vrai que c'est un magnifique succès qui laisse loin derrière lui celui de l'emprunt allemand dont ici on se montrait si fier. C'est à notre tour à nous réjouir de la force financière de notre patrie, qui constitue, dans la guerre d'usure actuelle, un élément très important. D'ailleurs certains indices permettent de croire à une réelle lassitude de la population allemande, laquelle ne comprend plus pourquoi les victoires qu'on lui vante si haut n'ont pas déjà amené la signature de la paix.

29 décembre. — Un journal suisse reproduit des « Pensées de paix » qui auraient, dit-il cours dans les cercles influents de l'Allemagne. Il y a déjà bien loin des prétentions anciennes aux nouvelles ! C'est un signe des temps. Il se confirme d'ailleurs que la misère augmente, que des émeutes ont éclaté à Francfort, à Berlin, et que les Allemands ont plus que nous *besoin* de la paix. Nous n'avons donc qu'à tenir bon.

30 décembre. — Le commandant du camp nous invite, le général Leman et moi, à faire un tour à l'extérieur du camp. Comme il le fait dans une intention aimable, nous acceptons, un peu à contre cœur. La promenade n'a d'ailleurs rien de séduisant en soi ; les environs sont laids. Au cours de la conversation, nous apprenons qu'outre notre camp, Blankenburg est le siège d'un camp de 2.000 soldats russes prisonniers, et d'une garnison allemande de 2.000 hommes, évidemment destinés à réprimer des émeutes à Berlin ; enfin que pour ces 2.000 hommes, il n'y a que deux officiers et des feldwebels. La disette d'officiers existe donc en Allemagne ; il est vrai qu'ils ont un corps solidement constitué de sous-officiers.

31 décembre. — Dernier jour de l'année 1915. Année de malheur, tout entière passée loin des êtres qui nous sont chers, loin de la patrie, loin de tout ce qui réveille en nous des souvenirs du passé. Commencée entre les quatre murs d'un cachot (voir le présent journal à la date du 2 janvier), écoulée en partie dans le camp de Burg, où tous, officiers de tous grades, même des colonels, un général, nous avions une installation moins confortable et moins hygiénique que celle dont jouissent nos simples soldats dans les camps de manœuvres, puis à Blankenburg, où la vie matérielle est certes meilleure en comparaison, mais encore bien au-dessous de ce qu'elle devrait être, passée non seulement dans la privation de tout bonheur, de toute satisfaction, mais encore dans l'impossibilité d'être utiles à quoi que ce soit, à nos familles, à notre patrie, à nos intérêts, c'est une année néfaste, un odieux souvenir qu'ou voudrait pouvoir rayer de son existence. Cette idée m'est d'autant plus pénible qu'à l'âge que j'ai atteint, les années qui me restent à vivre sont comptées et que je n'en ai pas, comme les jeunes une seule à gaspiller. Puissions-nous au moins par l'adversité continue, avoir trempé nos énergies pour résister plus tard aux menus incidents de la vie quotidienne ! Puisse Dieu nous donner en compensation, dans l'année qui va commencer, la Victoire qui nous permettra de revoir les êtres qui nous sont chers, de savoir nos morts vengés, notre patrie libérée du joug allemand, et de reprendre, dans une paix sûre et honorable, notre ancienne vie de labeur et de calme bonheur !

BLANKENBURG - 1916

1er JANVIER 1916. — Ce matin, après l'appel, les prisonniers français se sont réunis dans le réfectoire français. Nous avons échangé nos vœux ; le capitaine Barberet a lu une pièce en vers de circonstance composée par lui ; je leur ai serré la main à tous. Les soldats français ont pris part naturellement à cet échange cordial de souhaits et d'espérances. Avec une délégation, je me suis ensuite rendu auprès du général Leman, le doyen du camp, pour lui exprimer nos vœux particuliers et le remercier de l'exquise amabilité qu'il apporte dans ses relations avec nous.

Nous nous abstenons de tout festoiement ; tant que le sol de la patrie n'est pas libéré, ce ne serait pas digne ; chacun des Français le comprend.

3 janvier. — Les journaux allemands trahissent malgré eux leur dépit que les « Pensées de paix » (voir plus haut) n'aient pas même été prises au sérieux par les journaux français, ni discutées. Ils ont vraiment grand *besoin* de la paix.

7 janvier. — Que se passe-t-il à la frontière grecque ? L'arrêt de l'offensive allemande-autrichienne-bulgare me surprend et je n'en vois pas d'explication. C'est un événement heureux pour nous puisqu'il nous donne le temps d'organiser solidement une base d'opérations en Caicydique.

Un relevé fort intéressant fait ressortir que le cours des valeurs des belligérants à la bourse d'Amsterdam va naturellement en baissant ; mais la courbe est bien plus accusée vers la chute en ce qui concerne le mark. Aujourd'hui par rapport au cours du temps de paix, il a perdu le tiers (1/3) de sa valeur, tandis que l'argent français a perdu moins de 1/5, et l'argent anglais moins de 1/6.

9 janvier. — Visite du prince roumain Cantacuzène. Parlant très correctement français, très aimable. Il s'enquiert avec intérêt de notre sort. Mais je me demande quel est son rôle. A-t-il une mission officielle ? D'après un mot de lui, j'ai l'impression qu'il se renseigne sur l'Allemagne, et paraît pencher de son côté. Il a interrogé divers officiers sur leurs prévisions pour l'issue de la guerre et a rencontré une unanimité frappante sur nos certitudes de victoire. Il ne me paraît pas avoir visité d'autres camps de prisonniers. Je lui ai dit qu'ici nous recevions de nombreuses visites parce que nous ne nous plaignons pas trop. Il a paru comprendre.

12 janvier. — Enfin ! réapparition du soleil. Il arrive avec le froid, mais combien ce temps est plus agréable que l'humidité noire que nous avions depuis tant de jours.

Le taux du mark continue à baisser. On nous donne 9 m. 85 pour 10 francs. La conséquence est que 100 marks valent 102 francs au lieu de 125 francs, et que nous qui touchons 100 marks par mois, officiers supérieurs et généraux, alors que les officiers allemands en France touchent 125 francs, nous recevons *un quart environ de moins qu'eux*. Il serait utile que le Gouvernement français avisât à rétablir l'équilibre. Je l'écris à ma femme pour qu'on s'en préoccupe.

17 janvier . — Les Anglais canonnent Lille. C'est donc une avance ou l'emploi d'un canon à très longue portée et nouveau. Dans les deux cas, il y a lieu de se réjouir. Il y a huit jours on annonçait l'explosion d'un approvisionnement d'explosifs au bastion 53 de Lille, sans en donner la cause. Il paraît vraisemblable maintenant que c'était le commencement du bombardement, et que les Allemands avaient fait le silence sur cette attaque. Fasse le ciel que Lille soit délivrée !

Visite d'un lieutenant-colonel allemand. Je lui parle de la solde. Il paraîtrait que cette question vient de faire l'objet d'un arrangement. Tant mieux, surtout pour les pauvres lieutenants dont l'indemnité était par trop réduite.

Je demande également l'autorisation d'avoir de l'encre pour mes travaux personnels. Cette autorisation nous sera accordée.

18 janvier. — Arrivée au camp d'un colonel russe venant de Custrin. Il me raconte combien les prisonniers étaient mal installés dans le fort et traités avec malveillance par le commandant allemand.

20 janvier. — Nous apprenons que l'installation des soldats qui travaillent dans une ferme de Blankenburg laisse à désirer.

Que veulent dire ces bruits de capitulation du Monténégro, aujourd'hui démentis ? Le vieux roi paraît avoir perdu la tête à la suite de la prise de sa capitale ; mais les exigences de l'Autriche pourraient bien lui rendre la saine appréciation des choses. Nous verrons.

21 janvier. — Le Monténégro reprendrait la lutte ? C'est un épisode de tragédie qui finit en comédie. Nous nous en réjouissons. Nous qui avons vu arborer le drapeau, entendu sonner les cloches, vu donner un jour de congé aux enfants des écoles pour cette paix avec une puissance minuscule. nous pouvons apprécier à quel point le peuple allemand souhaite d'en signer une avec les grandes puissances. Il en a grand besoin. Tant pis pour lui ! Il nous a obligés à tirer l'épée du fourreau, elle n'y rentrera que lorsqu'il aura reçu la leçon méritée.

24 janvier. — Le reddition du Monténégro n'était qu'une ruse pour permettre aux troupes de se concentrer sur la frontière de l'Albanie. C'est une déception pour nos ennemis, mais ils la cachent avec soin et exploitent la capitulation de petits détachements isolés.

Un article bien curieux de la *Gazette de Lorraine*, inspiré par Berlin, dit le rédacteur, avoue que la guerre durera encore longtemps, que la nouvelle phase vise la politique mondiale de l'Angleterre, alors que l'Allemagne représente les intérêts de l'Europe. Les intérêts de l'Europe ? Eh bien ! que devient donc la Weltpolitik (politique mondiale) de Guillaume ?

On voit qu'ils n'ont plus de colonies, et que les raisins sont devenus verts.

Arrivée au camp du général russe Bobyr, ancien défenseur de Nowo-Georgiewsk. Il a déjà été interné dans trois camps, et c'est ici, m'a-t-il dit, le premier camp où il ait vu les officiers généraux jouir de la faveur d'une chambre particulière, bien que modeste. Nous sommes donc favorisés ici ; je m'en doutais.

D'après ce qu'il m'a dit, Nowo-Georgiewsk était une place non encore mise à l'épreuve de l'artillerie connue avant la guerre ; les travaux ne devaient même être terminés que pour 1922. A fortiori était-elle sans défense contre la nouvelle artillerie. Et la garnison n'avait que 26.000 fusils Berdan vieux modèle pour 80.000 hommes. On s'explique la chute rapide de la place. Ah ! Krupp a rendu à l'Allemagne un fameux service avec la grosse artillerie de siège dont il l'a dotée !

2 février. — Il gèle depuis plusieurs jours, mais le froid —5° à — 6° est assez supportable.

Les Américains paraissent bien belliqueux. Les journaux allemands trompent leur public en essayant de faire croire que ces menaces sont tournées contre les Anglais. Mais il n'y a pas de doute, pour qui sait lire entre les lignes, que les Américains veulent faire cesser la guerre des sous-marins au besoin par le canon de leur flotte ; c'est bien l'Allemagne qui est visée. Les Américains gagnent bien trop d'argent avec les Anglais et nous, pour tuer cette poule aux œufs d'or.

4 février. — Les journaux allemands exultent en publiant des extraits des discours et articles de journaux qui attaquent le gouvernement français, et dénoncent l'administration de l'armée comme soit disant corrompue par le favoritisme, l'incapacité ou la concussion ; ils en tirent argument pour affirmer que la France est en déliquescence, et qu'un vigoureux effort de la nation allemande suffira pour nous mettre à bas. Ces affirmations exaltent le moral des Allemands. On ne se fait pas idée en France combien le déballage public de prétendues fautes nous fait de tort à l'étranger. Les Allemands s'appliquent avec maîtrise à exploiter cette situation contre nous. Quand les Français comprendront-ils qu'en temps de guerre tout paquet de boue lancé contre ceux qui ont la pénible charge de diriger la défense éclabousse la Patrie ?

5 février. — D'une lettre reçue d'un officier qui m'avait été adjoint pendant les derniers jours du siège de Maubeuge, qui avait été grièvement blessé à quelques mètres de moi, et à ce titre a été rapatrié, je puis conclure que l'opinion publique a été tout d'abord profondément injuste contre les défenseurs de Maubeuge. On ne voulait pas comprendre qu'une place organisée, *d'après les ordres ministériels*, pour résister à un corps d'armée d'aile muni d'artillerie lourde de *campagne*, était hors d'état de braver la plus puissante artillerie de *siège*, si puissante même qu'en haut lieu on n'y voulait pas croire. Les pauvres territoriaux, non entraînés, surmenés par la nécessité de travaux hâtifs et ensuite par la permanence d'une canonnade qui ne laissait dans mon secteur aucun abri pour un repos de quelques heures, avaient les nerfs brisés, et ne pouvaient plus lutter ; ils étaient à bout de forces physiques et morales. J'espère que la justice qui commence à nous être rendue fera la complète lumière sur nos efforts et qu'un jour viendra où le sentiment public sera en accord avec la conscience que nous avons, du devoir accompli sans défaillance, au moins pour la plupart d'entre nous.

6 février. — Nouvelle définition de la victoire par les Allemands. Ce n'est plus « infliger à l'ennemi une sanglante défaite ; c'est simplement prouver qu'on est invincible ». En bon Français, c'est reconnaître son impuissance à prendre l'offensive et se borner à la défensive. Quelle différence avec les prétentions naguère affichées hautement !

D'ailleurs leur impuissance est bien démontrée par leur inaction depuis mai 1915, (car on ne peut sérieusement compter la campagne de trois armées coalisées contre les petites armées serbe et monténégrine comme des actions d'éclat bien glorieuses), surtout en ce moment où ils auraient tant d'intérêt à nous attaquer, nous ou les Russes, avant l'achèvement de la constitution des armées anglaise et russe et de notre approvisionnement de munitions.

D'autre part, ils me paraissent chercher des consolations du côté de l'Autriche. Profitant de sa ruine financière, ils essayent de lui river aux pieds une chaîne par le Zollverein, pour en faire une vassale qui, avant peu, serait réduite à l'état inférieur de la Bavière ou de la Saxe. Le Gouvernement pourrait ainsi se vanter auprès de son peuple d'avoir compensé ses pertes par d'autres acquisitions.

7 février. — Visite d'un lieutenant général inspecteur des camps. Sur la demande qui lui en est faite, il autorise l'éclairage des chambres jusqu'à 11 heures du soir. A mon sens, c'est une amélioration, car il était ennuyeux de se coucher à 9 heures comme les poules sans avoir le moins du monde sommeil.

8 février. — Nouvelle visite de l'ambassade américaine pour les Anglais. L'ambassade espagnole n'a pas donné signe de vie *depuis un an !*

Un article de la *Gazette de Lorraine* fait ressortir que la politique allemande a besoin, pour aller en Orient en évitant la mer (les raisins de Salonique sont trop verts !), de s'appuyer sur la résurrection d'un empire ottoman fort. Ainsi voilà la civilisation offerte à l'Europe, hégémonie allemande, domination des Turcs !

Les Allemands prônent également la prédominance des Bulgares dans les Balkans. J'espère que les Roumains et les Grecs finiront par comprendre quel avenir les attend s'ils ne se décident pas en notre faveur.

13 février. — Une expression allemande qui caractérise bien l'outrance du militarisme ! Tout est un « canon » : — « Canon à goulache » la cuisine roulante qui fabrique la goulache, mets national, — « canon à poux » un bain de formaline contre les insectes dont sont infestés certains Russes; et même, qui l'eût cru ? — « Canons éducateurs » les voitures promenant les bibliothèques roulantes destinées à la troupe !

18 février. — En lisant une histoire de la France carolingienne, je relève qu'en l'an 858, dans un manifeste adressé au roi de Germanie, l'archevêque de Reims Heinomar stigmatise « les cruautés abominables que les troupes germaines ont commises en traversant les diocèses de France ». Rien n'a changé en 1915. Certaines nations ne se civilisent guère, quoiqu'elles en disent.

20 février. — Erzeroum est pris. Bravo les Russes ! Espérons que c'est le premier signe du retour de fortune qu'apportera aux Alliés l'année 1916. Les journaux allemands ne donnent que des détails évidemment tronqués sur l'importance du butin. Mais il doit être considérable, car c'était le boulevard de l'Asie Mineure du côté du Caucase.

Le *Tageszeitung* contenait ce matin sur l'attitude de l'Amérique, un article manifestement inquiet au sujet des conséquences qu'entraîne cette attitude pour la cause germanique. D'autre part, on signale des faillites de banques importantes à Berlin. Il semble que la roue de la Fortune commence à tourner.

23 février. — L'offensive allemande sur le front français de Verdun bat son plein. Ils n'avouent encore que de petits succès locaux et ne parlent pas des attaques infructueuses. Nous vivons de cœur avec nos braves troupiers qui luttent pour protéger le sol de la patrie ; nous espérons que Dieu récompensera leurs efforts valeureux.

Les Allemands ont besoin d'une paix prochaine. La misère doit être grande chez eux, car les soldats de garde viennent mendier, pour leurs familles, du pain auprès de nos ordonnances, qui ont à leur disposition le médiocre pain allemand refusé par quelques officiers recevant du pain blanc de chez eux. En outre, les parts de viande sont de qualité de plus en plus basse, les pommes de terre de plus en plus pourries ; elles ne sont plus guère bonnes que pour les porcs. Il est impossible qu'un approvisionnement de semblable qualité dure jusqu'à la prochaine récolte.

Le gouvernement allemand, qui nous payait les mandats internationaux avec le bénéfice pour nous du cours du change du mark par rapport au franc, vient de décider qu'il nous paierait sur le taux de 81 marks pour 100 francs. C'est de l'arbitraire, contraire aux lois du commerce international. Nous allons nous plaindre en France. S'adresser à l'ambassadeur d'Espagne, à quoi bon ?

27 février. — Les Allemands annoncent la prise du fort de Douaumont. Je suis navré de voir que nous avons faibli sur cette position rendue si forte par la configuration du terrain. Que le fort lui-même n'ait pû résister en tant qu'ouvrage, cela n'a rien d'étonnant, car aucun fort actuel ne peut se défendre contre l'artillerie nouvelle ; nous l'avions vu à Maubeuge, ceci en est une preuve de plus.

Par suite d'un accord survenu entre les gouvernements, nous allons toucher la demi-solde au taux français, avec rappel du 1er décembre dernier et sur la base de 80 marks pour 100 francs. Cette mesure sera surtout profitable aux lieutenants dont l'allocation de 60 marks était notoirement insuffisante. Elle nous permettra à tous d'éviter de faire faire par nos familles des envois d'argent dont le taux de paiement (voir plus haut) constituerait une opération financière avantageuse pour le trésor allemand seul.

29 février. — J'avais appris par une lettre de France, qu'en France le délai de retenue des lettres à l'arrivée n'était plus appliqué, tandis que les Allemands continuaient à le faire, et j'ai écrit avant-hier à M. le député Pasqual pour m'en plaindre. La réponse ne s'est pas fait attendre ; ce matin l'autorité allemande a fini par se décider à s'exécuter. Enfin !

La nourriture qu'on nous sert devient de plus en plus médiocre. Vendredi, jour de maigre obligatoire comme le mardi, (pour ménager les approvisionnements de viande) nous n'avons eu à nous mettre sous la dent qu'une cuillerée de riz, et trois pommes de terre dans un peu de sauce ; le lendemain la part de viande se composait de poumon de bœuf (*mou pour les chats*) ; presque personne n'a pû se décider à l'absorber ; le surlendemain certains morceaux de veau avariés ont causé une épidémie dans le camp, et toute la nuit cela a été un défilé dans les couloirs qui rappelait l'amusant incident du melon dans le joli roman de Monsieur, Madame et Bébé. De peur de voir éclater le choléra si près de Berlin, l'autorité s'est émue.

3 mars. — Le Gouvernement français a refusé, paraît-il, de traiter comme officiers les feldwebel-lieutenants, catégorie spéciale à l'Allemagne. Nous venons d'être avisés que, par mesure de représailles, un sous-lieutenant territorial français du camp, sortant du corps des sous-officiers, serait envoyé dans un camp de soldats. J'écris immédiatement à tout hasard à l'ambassade d'Espagne pour protester officiellement ; j'essaye d'en informer officiellement le gouvernement français.

Nos officiers de territoriale, même sortant des sous-officiers, sont officiers. C'est l'orgueil de caste des officiers allemands qui a conduit à reléguer dans une catégorie à part les gradés provenant des sous-officiers. On voit là la différence de mentalité des deux nations.

Le système des représailles est parfois nécessaire, mais il est odieux et pénible pour nous, car il se traduit toujours par des aggravations de notre sort.

La grande offensive des Allemands motivée par le lancement de leur emprunt a échoué ; la masse qu'ils ont jetée sur Verdun est contenue, et bientôt le fort de Douaumont sera repris. C'est un gros échec pour eux, à mon avis, car ils avaient grand besoin de proclamer une victoire ; ils y ont massé toutes leurs réserves disponibles, 40 divisions, dit-on, et s'ils n'ont pas réussi à nous refouler, c'est fini ; ils ne réussiront jamais plus. A notre tour d'essayer l'inverse. J'ai fort bon espoir.

7 mars. — Un article signé d'un général allemand envisage la possibilité de passer à une attaque pied à pied et non plus de vive force contre Verdun. C'est l'aveu implicite de l'échec. C'était une tentative désespérée ; d'ailleurs le choix si bizarre d'un point d'attaque tellement défendu en arrière par des lignes successives montrait le désir de s'enorgueillir d'une fanfaronnade. Enlever Verdun, cela sonnait bien pour lancer le quatrième emprunt de guerre ! ! ! Mais cet échec prouve qu'ils ne peuvent plus tenter une action réellement productive en résultats stratégiques.

8 mars. — Et nous voilà de nouveau sous la neige !

9 mars. — Encore sous la neige ; pas de tempête cependant. Temps calme, froid et humide. Il y a dix jours que nous n'avons pas eu un rayon de soleil ; le ciel est bas et gris. Ce ciel bas serait-il un symptôme de l'âme allemande après le relatif insuccès de leurs attaques sur Verdun ? Avoir fait tant de bruit sur la future prise de cette place, et devoir

se borner à une faible avance de leur ligne, quel coup pour l'orgueil tudesque ! N'avoir pas réussi équivaut pour les Allemands a une défaite, car ils faisaient là un effort maximum et presque désespéré.

Je veux espérer que toute offensive leur est désormais impossible. Nous verrons sans doute encore des efforts partiels, afin d'avoir quelques succès à mettre en manchettes des journaux pour chauffer le zèle des souscripteurs au quatrième emprunt de guerre ; mais pas de victoire décisive à l'actif. L'Allemagne n'en aura plus aucune à enregistrer. A notre tour maintenant !

Nous sommes avisés par l'autorité allemande supérieure que l'ambassade d'Espagne ne peut plus nous servir d'intermédiaire pour les notifications des promotions survenues en captivité. Qui donc reste chargé de nos intérêts, au moins en théorie ?

10 mars. — Les Allemands déclarent la guerre au Portugal à cause de la saisie de leurs bateaux dans les ports portugais, mais ils n'en font pas autant vis-à-vis de l'Italie qui a agi de même. Ils respectent encore un peu cette puissance, tandis qu'ils ne craignent rien du petit Portugal, et ne peuvent d'ailleurs l'atteindre d'aucune façon. Ce n'est donc qu'un bluff, destiné à faire montre d'une force qui ne craint pas un ennemi de plus. Cela pourra prendre sur le peuple allemand, peut-être, mais les neutres en riront.

12 mars. — On vient de célébrer à Berlin le mariage du plus jeune fils de l'Empereur d'Allemagne, et l'Empereur, retenu au front, n'y a pas assisté. Cela prouve hautement l'importance que les Allemands attachent à leurs attaques sur Verdun. Pour moi, c'est leur dernier atout qu'ils jettent sur la table de jeu.

13 mars. — Après entente préalable avec le commandant du camp, je lui adresse une lettre officielle, demandant instamment que l'ambassade d'Espagne soit autorisée à servir d'intermédiaire pour faire notifier au gouvernement allemand les promotions faites en faveur de prisonniers. Il transmettra ma lettre au Ministère. Il montre en cette occasion le désir louable de faire ce qui dépend de lui pour nous faire obtenir satisfaction.

Le temps se remet au beau. Quelques bourgeons pointent sur les branches. J'écris ma fenêtre ouverte.

D'après un renseignement venu de France, nos pertes depuis le début de la guerre seraient de :

800.000 tués, — 300.000 disparus, — 400.000 gravement blessés, — 800.000 blessés légèrement.

Cela fait au total 16 à 1.800.000 hors de combat. Ces chiffres, si terribles qu'ils soient, sont fort au-dessous de ceux des pertes subies par les Allemands.

Quelles effrayantes hécatombes pèsent sur la conscience de Guillaume !

14 mars. — Le commandant du camp me fait connaître que l'autorité allemande voudrait m'envoyer d'office en Suisse comme ayant plus de 60 ans. Je réponds que je refuse de faire un pas dans ce sens, et que je n'irai qu'en vertu d'un droit, mais non par faveur. Je n'ai aucune maladie ou blessure à invoquer, et je considère comme de mon devoir de partager le sort des autres officiers qui sont dans le même cas.

Il paraît qu'il s'est produit des émeutes à Berlin, et une agitation en vue de faire cesser les attaques sur Verdun qui coûtent tant de victimes. L'Empereur aurait refusé de les arrêter, disent les journaux hollandais. Il estime sans doute que le succès de l'emprunt est à ce prix. J'espère qu'il éprouvera un double déboire au sujet de Verdun, et de l'emprunt. Dans ce cas, ce serait peut-être le commencement de la débâcle et de la banqueroute.

Le commandant du camp me fait prier dans la soirée de lui donner une déclaration *écrite* que je ne désire pas être interné en Suisse. Je la fais sous la forme suivante :

« J'ai l'honneur de vous faire connaître que n'étant ni « malade, ni blessé, et ayant conservé intacte toute ma « vigueur physique et morale, je ne vois aucun motif d'être « envoyé en Suisse avec les officiers gravement malades ou « blessés. Je ne désire donc pas être interné en Suisse, et « j'estime au contraire que ma place est avec les autres pri- « sonniers dans un camp de prisonniers en Allemagne. »

16 mars. — Certaines sociétés de secours faisaient parvenir, pour les soldats nécessiteux des camps de prisonniers, des envois collectifs de pain et denrées en vue d'améliorer leur ordinaire. L'autorité allemande vient d'interdire la remise de ces envois, soit disant par mesure de représailles. Cette guerre, sur de malheureuses victimes innocentes, est odieuse ! Et cela surtout lorsqu'il s'agit de soldats nécessiteux. Le commandant du camp a eu honte de lire lui-même cet ordre barbare et l'a fait lire par l'interprète.

17 mars. — Le grand chef de la marine allemande, amiral von Tirpitz, est relevé de son poste. Les journaux publient des adresses que lui ont envoyées quelques groupes politiques, et une lettre de l'Empereur pour le remercier d'une si longue carrière. Il est sacrifié comme bouc émissaire pour l'échec de la guerre de sous-marins. Celle-ci a failli amener une rupture avec les États-Unis ; elle a provoqué la saisie des bateaux allemands au Portugal et, dit-on, au Brésil. Autant de bateaux qui seront enlevés à l'Allemagne pour le moment où elle pourrait reprendre le commerce sur mer ; c'est une perte sèche irréparable avant plusieurs années.

18 mars. — L'autorité allemande nous paye une solde égale à la demi-solde française, avec effet rétroactif à partir du 1er décembre dernier. Cela me fait une grosse somme d'un coup, dont je n'ai pas l'emploi, puisque je suis en prison. Nous eûssions de beaucoup préféré le système russe qui se borne à augmenter l'indemnité d'entretien en remettant le rappel de tout l'arriéré au retour dans la mère patrie.

Il règne au camp une épidémie de grippe qui sévit sur de très nombreux officiers. Je n'échappe pas aux douleurs de tête avec courbature. Cela n'a rien d'étonnant, car nous sommes tous fort anémiés par la vie que nous sommes forcés de mener.

19 mars. — Hier la solde a été augmentée, aujourd'hui la cantine augmente ses prix. Une réclamation est rejetée. Nous ne pouvons que subir la loi de nos gardiens, et nous résigner à nous laisser exploiter. Nous en prenons notre parti en songeant que l'attaque contre Verdun est bien nettement arrêtée. Forcés de le constater, les Allemands se consolent en soutenant qu'elle a rempli son but, qui était uniquement d'empêcher notre offensive. Belle fiche de consolation qui ne prendra qu'auprès des nigauds !

Un article contre les propagateurs de nouvelles décourageantes montre à quel point la désillusion commence à se faire jour en Allemagne. C'est un indice réjouissant pour nous et qui renforce nos espérances.

23 mars. — Avant-hier c'était le printemps officiel ; mais aujourd'hui nous sommes de nouveau sous la neige.

Le commandant du camp fait connaître à l'appel qu'il est interdit par la censure allemande de signaler dans nos lettres à nos familles que les ordonnances ne reçoivent qu'une nourriture insuffisante. Nous n'avons personne à qui exprimer nos doléances.

28 mars. — Les envois d'argent venant de France, et expédiés au départ de la Suisse en *marks*, sont réduits, lors du paiement à des prisonniers, sur le taux de 81/100. Nous ne pouvons admettre que le Gouvernement français tolère un pareil vol de l'argent de nos familles. Ce taux aurait peut-être été admis pour des paiements en or, mais ici tous les paiements se font en papier ou en monnaie d'argent et de nickel. Un officier l'ayant signalé à sa famille, sa lettre lui a été rendue comme irrecevable, mais d'autres ont passé.

1er avril. — Le gouvernement allemand interdit l'envoi de vivres aux officiers et soldats belges par leurs familles habitant la Belgique. Motif : Pour conserver les vivres pour la population belge ! Le gouvernement allemand de la Belgique ajoute même que les prisonniers sont bien et abondamment nourris. Ce n'est pas vrai !

La population d'Allemagne est, en outre, invitée à ne pas envoyer de vivres à ses prisonniers en France et ses soldats au front. C'est donc que les vivres deviennent rares ! Nous nous en apercevions déjà par les prix sans cesse croissants de la cantine, et quelques aveux échappés à des Allemands.

Nous doublons le chiffre de notre subvention pour la solde de nos ordonnances, afin de leur constituer une caisse spéciale destinée à augmenter à nos frais la ration insuffisante de vivres que leur sert l'Allemagne.

La Hollande s'agite et semble vouloir mobiliser. Or, nous la tenons si bien par mer et par ses colonies que ce ne peut être contre nous. Les journaux allemands affectent le calme, mais ils en parlent trop et de façon trop alambiquée pour que cette confiance soit justifiée. Ce serait une nouvelle phase de la guerre dont j'augurerais bien, pour ma part.

3 avril. — Un journal américain annonce que le Kronprinz serait relevé du commandement de l'armée opérant contre Verdun ? C'est un aveu de l'échec devant Verdun. Les journaux allemands n'en ont absolument rien dit, sans doute pour ne pas démonétiser la famille impériale dans l'opinion des Allemands eux-mêmes.

6 avril. — Le discours du chancelier allemand est à la fois hautain et exaspéré. Ses prétentions pour les conditions de paix sont inadmissibles. C'est le défi jeté à la face des ennemis et des neutres par un peuple qui se sent près d'être aux abois, et ne ménage plus rien ni personne. Il n'y a rien à attendre pour la paix, que d'une défaite complète par les armes. Détail significatif, le Chancelier ne fait pas la moindre allusion au quatrième emprunt. Cet emprunt est donc purement fictif !

10 avril. — Depuis longtemps la cantine n'avait plus ni beurre, ni margarine, ni graisse ; il en est de même aujourd'hui du sucre ; on annonce le rationnement de la bière, du lait et du café. La viande est déjà rationnée en Bavière ; nous devons nous attendre à la même mesure en Prusse. En attendant, elle atteint les prix jamais vus de 3 m. 20 *la livre* de viande à bouillir avec forte proportion de réjouissance, et 4 m. 20 la livre de viande désossée.

Il est vrai que les prix de la cantine ont monté parallèlement avec nos soldes ; mais néanmoins la disette de certains produits doit entraîner une misère noire dans la population pauvre.

11 avril. — Visite de la Croix-Rouge pour les Russes.

La cantine cesse de vendre du lait. On va donc tuer les vaches pour avoir de la viande ? De même, cessation de la vente du café.

12 avril. — Nous recevons un abbé français, fait prisonnier comme caporal, mais traité ici en officier.

Les Allemands viennent de prononcer le 9 avril une attaque particulièrement importante à l'Ouest de la Meuse près de Verdun. Ils ont échoué. C'est décidément la fin de leur puissance offensive.

16 avril. — Nouvelle visite de l'ambassade américaine pour les officiers anglais.

L'ambassade d'Espagne ne donne toujours pas signe de vie. Je n'ai même pas reçu le moindre accusé de réception de ma lettre officielle du 3 mars au sujet de l'envoi dans un camp de soldats du lieutenant Pommereuil (voir plus haut).

20 avril. — Trebizonde est pris par l'armée russe. Cette victoire de nos alliés sur les Turcs compense l'échec des Dardanelles ; elle est de nature à précipiter la défaite des Turcs et de les amener à demander une paix séparée. Nous félicitons nos alliés.

23 avril. — Le Président des Etats-Unis Wilson vient d'adresser à l'Allemagne une note, où il proteste contre la guerre des sous-marins. Il a sû prendre, au nom de l'humanité, une attitude généreuse à laquelle on regrette de ne pas voir s'associer d'autres noms.

La note américaine restera dans l'histoire comme un document impartial établissant la manière, barbare, quoiqu'ils en disent, dont les Allemands font la guerre.

25 avril. — Nous sommes rationnés pour la viande à 1 kilogramme par semaine et par tête. C'est peu, aussi les envois de nos familles sont-ils doublement bienvenus. Si les Allemands peuvent considérer la crise sur la nourriture comme passagère en ce qui concerne le blé, le seigle et les pommes de terre, jusqu'à la prochaine récolte, il n'en est pas de même pour la viande ; là le déficit ne peut aller qu'en s'accentuant de plus en plus. Chaque jour, nous constatons davantage que la politique anglaise d'affamer l'Allemagne commence sérieusement à porter ses fruits. Encore un peu de patience, et la famine se joindra aux échecs militaires que nous espérons pour la réduire à merci.

30 avril. — Kut-El-Amara est pris par les Turcs. Ce ne serait qu'un incident de minime importance vu la faiblesse de la garnison anglaise, si cet événement n'était pas de nature à rendre confiance aux Turcs après leurs échecs d'Erzeroum et de Trebizonde. C'est en outre un nouvel indice de la mauvaise méthode des Anglais pour conduire rapidement une action de guerre. Toujours le système des petits paquets a causé et causera des désastres. La méthode du coup de massue est la seule bonne à la guerre ; les Allemands l'ont compris et c'est le secret de leur force.

8 mai. — La réponse de l'Allemagne à la note américaine sur la guerre des sous-marins n'est rien moins qu'aimable et conciliante. Elle laisse prévoir une rupture prochaine, et je penche fortement à croire que la rupture surviendra avant quelques semaines ; se sentant acculée, l'Allemagne ne ménage plus personne. Tant mieux !

Elle avait toujours démenti les propositions de paix parues en son nom dans les journaux étrangers. La raison en était que ces propositions avaient été rejetées par nous et nos alliés sans même être discutées. Or, la note à l'Amérique avoue en propres termes qu'à *deux reprises* l'Allemagne a lancé des propositions de paix. On voit quelle était la valeur des démentis.

11 mai. — L'Amérique riposte à la note allemande par une sorte de mise en demeure de préciser nettement l'attitude qu'elle prendra et d'éviter toute possibilité de malentendu. Les journaux allemands se montrent désagréablement chatouillés par le ton de cette nouvelle note assez comminatoire.

13 mai. — Le Ministre de l'Intérieur d'Allemagne Delbrück se retire. Il sert de bouc émissaire pour calmer l'esprit public qui le rend responsable de la mauvaise organisation des vivres.

On veut faire croire qu'il y a eu répartition défectueuse, et non pas réellement disette de vivres. Les journaux allemands parlent trop de la paix pour qu'il n'y ait pas un besoin absolu de la conclure à bref délai, avant la famine, et le départ de M. Delbrück, venant sur ces entrefaites, confirme mon impression. En outre, toutes les lettres de France respirent la confiance en une fin prochaine de la guerre. Tout concorde à nous rassurer.

16 mai. — Jour de triste anniversaire pour moi ; je prends 61 ans et cela en Allemagne ; c'est la constatation que je vieillis loin des miens, inutile à tous, et dans l'impossibilité d'en recevoir les témoignages d'affection qui sont la consolation de l'âge mûr.

La journée est encore attristée par une mesure de l'autorité allemande. Déjà, le 16 mars, les Allemands avaient supprimé la remise des envois collectifs aux soldats nécessiteux. Aujourd'hui c'est l'interdiction de la remise du pain, même individuellement, à tous, soldats ou officiers. Prétexte : une représaille. Or il est absolument certain qu'en France, les mesures de rigueur, s'il en est pris, ne sont elles-mêmes que des représailles et ne suppriment pas la propriété privée. Ces envois nous appartenaient, n'étaient pas une gêne pour l'Allemagne, et n'ôtaient aucune bouchée de pain à un Allemand. C'est le simple désir d'être violent et brutal. D'ailleurs le commandant du camp a, comme il l'avait fait le 16 mars, eu honte de lire lui-même à l'appel, la note relative à cette mesure, et a prié un officier belge de la lire, ce qu'il ne fait jamais. Dans la soirée, le lieutenant allemand vient m'informer que ledit ordre est rapporté. Tant mieux pour l'autorité allemande comme pour nous tous.

20 mai. — D'après un journal d'ici, la France avait abaissé la ration de pain des prisonniers. Or celle des prisonniers franças en Allemagne est depuis longtemps réduite à 300 grammes. Pour faire une pression sur la France, l'Allemagne avait pris sucessivement les deux mesures de violence du 16 mars et du 16 mai. Entre temps la France a eu la générosité de reporter à 600 grammes la ration de pain du prisonnier allemand, et l'Allemagne se borne à nous remettre ce qui nous appartient, avec la petite concession d'accélérer la transmission des envois de pain et de denrées.

21 mai. — Le Kaiser rentre à Berlin où il n'est pas venu même pour le mariage de son fils. La question des impôts d'Empire semble ne pas marcher.

D'autre part, les Autrichiens exaltent le rôle de leur prince héritier dans le succès local qu'ils viennent de remporter dans le Sud-Tyrol. Y a-t-il une intention de mettre en opposition le succès de l'autrichien avec l'insuccès du Kronprinz ? Y a-t-il nécessité de créer une personnalité à ce jeune prince fort effacé jusqu'ici, pour lui ramener les Hongrois et les Tchèques ? L'avenir nous le dira. C'est en tout cas le signe que quelque chose ne va pas.

25 mai. — Le fort de Douaumont (ou plutôt ce qui en reste, (car l'artillerie a dû le bouleverser à fond) est repris par nos troupes, de sorte que l'échec des Allemands contre la place de Verdun est complet, ils n'ont plus en leur possession aucun point d'appui de la place.

Les cartes de viande sont diminuées. Notre ration de viande n'est plus que de 600 grammes par semaine de viande crue et avec réjouissance, soit 90 grammes par jour (la ration journalière du soldat en France est de 300 grammes en temps ordinaire).

L'Allemagne est absolument à court de viande, et là il n'y a aucun remède. C'est la famine en perspective.

27 mai. — La dictature sous la main de la Prusse établie pour la répartition des vivres dans l'ensemble de l'Empire semble rencontrer des difficultés. C'est en effet la mainmise de la Prusse sur les autres états pour la politique intérieure, et ce précédent peut-être gros de conséquences pour l'avenir.

Nous n'avons pas gardé la possession des ruines du fort de Douaumont. Sans doute l'importance tactique de ce point, ne vaut-il pas les sacrifices de vies humaines que l'opération aurait coûtés à notre armée, tandis que les Allemands ne regardent jamais au prix quand ils veulent atteindre un but, même fictif et nominal, comme l'eût été la possession du point de Douaumont. La sentimentalité ne les guide jamais en rien. Chez nous, elle règle un peu notre conduite. C'est en cela que consiste notre civilisation supérieure, mais là aussi est en germe la cause de notre faiblesse actuelle relative.

29 mai. — L'Amérique fait comprendre à l'Allemagne que ses prétentions à ne juger les résultats de la guerre que par les combats en Europe, sans tenir compte de ses échecs dans les combats sur mer et de la perte de ses colonies, sont inadmissibles. Les journaux allemands fulminent, mais ils baissent un peu leur ton, et ils parlent maintenant de concessions possibles en Europe si l'on veut leur constituer un domaine important en Afrique. Il y a là un signe de dépression de leur orgueil.

31 mai. — Le lieutenant Pommereuil, qui avait été envoyé dans un camp de soldats, parce que le gouvernement français traitait en sous-officiers les sergents-majors-lieutenants allemands, est revenu ici. Il nous raconte que les soldats reçoivent des Allemands une nourriture tout à fait insuffisante et qu'ils ne se soutiennent que grâce aux envois reçus de France. Aussi la plupart sont-ils enchantés d'aller travailler dans les fermes où ils sont un peu mieux nourris.

3 juin. — Une bataille navale d'une certaine importance vient d'avoir lieu. Les Allemands sont si fiers d'avoir lutté sur mer avec les Anglais qu'ils enregistrent le fait comme une victoire. Il y a eu des pertes des deux côtés, et les bateaux anglais étant plus gros, le tonnage perdu est peut-être plus fort du côté anglais ; les Allemands en exultent. Mais il faut voir quel est le résultat stratégique de la bataille ; les récits en sont manifestement truqués. Ce résultat pourrait bien être en faveur des Anglais malgré tous les hurras de leur adversaire. Nous verrons peut-être apparaître un coin de vérité dans quelques jours.

L'offensive des Autrichiens dans le Tyrol est une menace sérieuse pour l'armée italienne. L'Italie a besoin de secours. Nous avons le devoir de lui en donner.

5 juin. — Dans la bataille navale, le succès stratégique est définitivement en faveur des Anglais dont les forces principales ont mis en retraite la flotte allemande. Toutefois celle-ci avait eu le temps, étant mieux éclairée et mieux groupée, de causer à l'avant-garde anglaise de très sérieux dégâts. L'Angleterre reste maîtresse de la mer ; mais elle doit réfléchir que la marine allemande pourrait arriver, par son audace et sa méthode de manœuvre, à lui causer de terribles embarras un jour, si elle n'arrive pas à l'abattre au préalable tant que l'écart entre les forces respectives est encore sensible.

La Russie prononce une attaque sur tout le front autrichien ; elle doit chercher à soulager les Italiens dans l'intérêt général des alliés.

6 juin. — Un accord est intervenu entre les gouvernements (sauf la Russie) en vue d'autoriser des promenades en dehors des camps pour les officiers. J'ignore quelles conditions la France impose aux Allemands. L'autorité allemande, elle, impose un engagement signé, sur l'honneur, de ne pas profiter de ces sorties pour s'évader ou organiser une évasion, et de ne commettre aucun attentat contre la sécurité de l'Empire allemand. La solennité de cet engagement est hors de proportion avec l'insignifiance de l'avantage que procure une ballade au milieu des champs d'épandage qui forment la ceinture du camp, ou le droit de séjourner dans le petit bois de 1 à 2 hectares qui lui est contigu, et je me refuse à signer semblable papier. Un officier général ne signe un engagement d'honneur que pour des questions qui en valent la peine.

9 juin. — Les Allemands viennent d'avouer la perte de deux nouveaux grands croiseurs coulés dans la bataille navale et dont ils avaient caché la destruction pour des raisons militaires, disent-ils. Et ils accusent les autres de mensonge !

11 juin. — Les partis socialistes et travaillistes du Reichstag ont refusé de voter le nouveau crédit de 12 milliards.

Le Ministre de l'alimentation constate la disette du sucre, de la graisse et la pénurie des pommes de terre. Le Kreisdirector de Metz invite les Messins à s'abstenir le plus possible de viande, et constate qu'en porcs vivants, l'arrondissement tout entier ne possède pas la quantité correspondant à la consommation normale d'une semaine pour la ville.

Un parti de la paix attaque vivement le chancelier.

Les Russes obtiennent d'écrasants succès sur les Autrichiens. Quand les Anglais et nous, commencerons-nous à attaquer aussi ?

16 juin. — Les pluies continuelles rafraîchissent fortement la température. Le thermomètre marque aujourd'hui 12°, et le calorifère vient d'être rallumé. A la mi-juin, c'est assez rare ! L'an dernier les récoltes en Allemagne ont beaucoup souffert de la sécheresse précoce ; cette année ce sera de l'excès d'humidité.

Nos alliés Russes continuent leurs succès sur les armées autrichiennes et même allemandes. Cela rabattra un peu l'orgueil de nos adversaires. Quand pourrons-nous en dire autant du front Ouest ?

A la fin de mars le bilan des pertes allemandes est le suivant, d'après les chiffres avoués :

Tués 712.500, — blessés 1.760.000, — disparus 363.600. Total : 2.837.000.

Part des Prussiens, 2.200.000 ; Bavarois, 210.000 ; Saxons, 182.000 ; Wurtembergeois, 105.000.

Officiers : 22.636 tués ; 43.334 blessés ; 3.762 disparus.

Total : 71.857.

Généraux : 83 tués ; 89 blessés ; 4 disparus.

Total : 176.

Pour les Autrichiens les pertes sont : 723.000 tués ; 2.600.000 blessés ; 809.000 disparus.

Total général : 4.132.000.

18 juin. — Les Grecs démobilisent. Etant donnés les sentiments germanophiles du roi Constantin, c'est un indice qu'il n'espère plus en la victoire de nos ennemis ; nous y aurons en outre l'avantage d'avoir les coudées plus franches à Salonique.

Le départ du roi pour Larissa est de même un signe de la mésintelligence croissante entre lui et le peuple grec. Voilà une nouvelle preuve des inconvénients des monarchies où le roi substitue ses idées et sympathies personnelles à celles du peuple qu'il gouverne.

20 juin. — Il fait froid, 11° seulement et le calorifère est allumé. On ne se douterait pas que demain commence l'été.

24 juin. — La Grèce cède à toutes les demandes de l'Entente. La démobilisation est ordonnée et commencée, le ministère Skuludis a donné sa démission. Ce sont de plus en plus d'excellents indices que le roi de Grèce, cet obstiné ami de l'Allemagne, n'a plus l'espoir de voir celle-ci remporter le succès définitif. La Roumanie s'agite. Quelle décision va-t-elle prendre ? L'occasion pour elle de s'annexer à l'Entente est belle, la Roumanie le sentira.

Les Allemands ont fortement diminué leur action sur le front français, mais sont-ils en état de mener des opérations simultanées sur les deux fronts ? Cela nous paraît donc être le moment d'attaquer partout, si l'on est prêt. Il est pénible pour nous, prisonniers, de n'avoir aucun indice à cet égard. La moitié d'une lettre que je recevais d'un officier interné en Suisse a été coupée par la censure. Nous ne savons rien.

26 juin. — Un officier, revenant de Mayence où il a vu le commandant français du fort de Vaux près de Verdun, fait prisonnier, nous dit que d'après cet officier l'offensive est prête et qu'on n'attend plus que de voir la Grèce prendre une attitude définitive. Puisse-t-il avoir raison !

28 juin. — Les journaux allemands sont remplis de titres en vedette et d'articles relatifs à l'offensive anglaise et française qu'ils paraissent croire imminente. Je voudrais qu'ils aient de bonnes raisons de la craindre ! En tout cas les comptes rendus officiels de l'armée anglaise sont manifestement tronqués. C'est donc qu'ils donnaient des détails favorables pour l'Entente. Notre cœur s'ouvre à l'espoir.

1er juillet. — Aujourd'hui, à 3 h. 1/2 du matin, réveil subit ; un coup de revolver a été tiré dans le silence de la nuit par le commandant du camp. Alerte des hommes de garde qui ont été tous punis pour ne pas s'être agités assez vite. Décidément, on devient nerveux chez nos gardiens. Allons tant mieux, mais, ironie des choses, nous n'avions jamais eu d'alerte la nuit, et il y en a eu une provoquée par le commandant du camp.

2 juillet. — Aujourd'hui deux officiers, un anglais, un russe, ont quitté le camp en plein jour, et se sont évadés. Puissent-ils atteindre la frontière ! C'est peu de sortir du camp ; le plus difficile est d'atteindre un État voisin sans avoir été arrêté. Nos aventureux camarades ont heureusement une avance de plusieurs heures, et le Russe parle très couramment l'allemand, ayant habité l'Allemagne plusieurs années. Bonne chance !

3 juillet. — Chaleur torride !
Une offensive importante semble déclanchée sur la Somme. Encore une raison d'espérer.
Les évadés ont été repincés et ramenés. Les malheureux !

8 juillet. — Les Français ont attaqué vigoureusement et conquis plusieurs kilomètres de la ligne allemande. Mais les

Anglais en sont encore à la canonnade. Ils paraissent cependant s'être mis en train sérieusement, bien que lentement !

10 juillet. — L'attaque sur le front de la Somme paraît vigoureuse aussi bien du côté anglais que du côté français ; toutefois la différence de tempérament des deux nations se manifeste clairement. La furie française met les nôtres en avance, et ils sont ensuite obligés d'attendre pour que leurs alliés les rattrapent. C'est tout comme à la bataille de l'Alma dans la guerre de Crimée. Ce sera une lenteur dans les opérations à laquelle il faut s'attendre. Mais peu importe pourvu que les efforts continuent sans cesse sur tous les fronts. C'est en poussant tous à la fois et longtemps que nous pourrons renverser cet allemand, qui, il faut l'avouer, était un colosse de force, d'organisation et de méthode. Quant à nos alliés de l'Est qui ont affaire non pas tant à des Allemands qu'à des Autrichiens, ils ont la part plus facile ; ils montrent pour le moment dans la conduite de Broussilow un réel brio, un courage et une intelligence dans le choix des directions d'attaque tout à fait dignes d'éloges.

14 juillet. — Les Allemands nous ont interdit de fêter la fête Nationale ! ! ! Quelle erreur, s'ils ont cru nous vexer. Nous sentons trop vivement le deuil de la France, qui saignera tant qu'un Allemand souillera le sol national, pour nous livrer à des réjouissances déplacées. La fête est dans nos cœurs, en union avec tous les Français qui luttent ou qui travaillent dans la patrie ou qui souffrent comme nous dans les prisons allemandes, et là, nulle interdiction de leur part n'a d'accès.

Ce matin, j'ai réuni tous les officiers et soldats français ; j'ai prononcé une courte allocution patriotique, et leur ai serré la main à tous, soldats ou officiers. M. le général Leman et une députation d'officiers belges sont venus nous apporter leurs vœux et leur témoignage de sympathie, en même temps qu'une superbe gerbe de fleurs bleues, blanches et rouges. Nous avons été très touchés.

Autre détail typique de la mentalité allemande ; les Belges avaient désiré se procurer des rubans aux couleurs nationales françaises et belges ; l'autorité s'y est opposée. Or, lorsque l'an dernier, nous avions offert une couronne pour les obsèques de notre vieux médecin allemand, l'autorité allemande avait bien su faire fabriquer immédiatement des rubans tricolores français et belges !

Les généraux russes et le major anglais m'ont offert leurs félicitations.

16 juillet. — Sur la demande du général Leman et conformément à l'usage établi en Belgique, un *Te Deum* a été chanté à la chapelle à l'occasion des fêtes nationales française et belge. Toutes les nations alliées y étaient représentées.

Température 14°. On ne se croirait pas en juillet. L'été est extraordinairement pluvieux et sans soleil. Que seront les récoltes en Allemagne ?

18 juillet. — Un soldat français, commandé pour une corvée, était en train de lacer sa bottine, lorsque le soldat allemand chef de corvée est arrivé sur lui en lui disant en allemand : Vite, vite, chien de cochon, et en même temps il lui lançait dans la poitrine un coup de pied qui l'a atteint sans toutefois le blesser. Il y a eu plusieurs témoins. J'ai adressé dans la soirée au commandant du camp une lettre à forme courtoise, lui signalant le fait et me fiant à ses sentiments de chevalerie pour infliger une punition sévère au délinquant.

21 juillet. — Je n'ai pas encore de réponse à cette lettre, mais je sais que le commandant a fait une sorte d'enquête, sans toutefois interroger les témoins que je lui ai cités.

Aujourd'hui, fête nationale belge, je me rends avec une députation auprès du général Leman et des officiers belges pour leur offrir un bouquet aux couleurs nationales belges et françaises et leur présenter nos vœux avec le témoignage de notre cordiale sympathie.

A remarquer que, tandis que l'autorité allemande avait interdit aux Français la célébration de la fête du 14 juillet, il n'y a eu aucune interdiction aux Belges pour celle du 21. Les Allemands cherchent à ménager les Belges, mais ils perdent leur temps et leurs grâces.

28 juillet. — Un sergent allemand a raconté au soldat victime de l'incident du 18 juillet ci-dessus, que le soldat allemand avait reçu une admonestation du commandant du camp. Mais je n'ai reçu, moi, aucune réponse à ma plainte officielle. Il en coûte sans doute trop à l'amour-propre du commandant d'avouer qu'un Allemand s'est indignement conduit à l'égard d'un prisonnier ! Je dois me contenter d'une demi-satisfaction ; le but principal que je recherchais était de protéger mes subordonnés.

La chaleur est arrivée, forte et soudaine, il y a trois jours. C'est trop tard pour les récoltes, et si de nouvelles pluies surviennent sur la chaleur, les pommes de terre pourriront dans le sol.

Notre ration de viande est réduite à 250 grammes par semaine, pas de beurre, ni d'œufs ni d'autres denrées que quelques légumes. Le soldat français touche en paix 300 grammes de viande par jour, plus que nous pour toute une semaine. Nous recevons heureusement d'abondants envois de France.

30 juillet. — Les promenades au dehors sont supprimées pour les officiers français, mais non ceux des autres nationalités. Aucune explication, ordre de Berlin.

Il est à remarquer que l'autorité supérieure de Berlin se montre d'autant plus acrimonieuse à notre égard que les affaires vont plus mal pour l'Allemagne sur le front français, comme sur le front russe. Au contraire, le personnel subalterne (y compris les sous-officiers et soldats), sauf exception, paraît vouloir nous témoigner plus d'égards. Mentalité des deux classes d'individus en Allemagne.

Les officiers du camp, eux, restent corrects dans leurs rapports avec nous, quant à la forme du moins, sous l'influence personnelle de von Lockow.

4 août. — Aujourd'hui deuxième anniversaire de cette terrible guerre. Qui eût pu prévoir qu'elle durerait si longtemps ? Mais enfin la roue de la fortune a tourné, et c'est notre groupe maintenant qui dirige les événements et impose sa volonté. Nous commençons à recueillir le fruit de notre patient et énergique effort et nous pouvons, à bon droit, envisager l'avenir avec confiance. Notre moral est plus que jamais courageux et ferme, malgré les tristesses de notre prison.

6 août. — Enfin ! ! ! visite d'un ministre plénipotentiaire et d'un attaché de l'ambassade d'Espagne.

Je n'ai pu m'empêcher de leur exprimer nettement mon mécontentement de ce que nous soyons restés dix-sept mois sans que l'ambassade nous donnât signe de vie, et de ce que ma lettre relative à l'affaire Pommereuil soit restée sans réponse. Le ministre plénipotentiaire me réplique qu'ils sont débordés, que l'ambassade entretient neuf agents à s'occuper des prisonniers ; il évalue à 100.000 (exagération méridionale) le nombre des dépôts de prisonniers (or nous, ne sommes que 400.000 prisonniers français ou belges). Quant à ma lettre, il affirme qu'elle n'est pas parvenue. Je l'invite à adresser une plainte au gouvernement allemand à cet égard. Je l'entretiens ensuite des questions suivantes : 1° Restitution des papiers saisis. Il ne connaît pas d'entente à cet égard ; 2° Paiement des mandats reçus de France au taux de 81 % ; 3° Paiement de la solde au taux de 80 % ; 4° Suppression des promenades pour les officiers français. Il croit que la mesure ne concerne que certains camps à titre de représailles.

Il prend note et me promet de s'en occuper et de m'écrire. Simple constatation ! Cette visite arrive quelques jours après que je venais d'écrire au député français M. Pasqual, une lettre où, entre autres choses, je me plaignais que l'ambassade d'Espagne ne nous ait pas donné signe de vie depuis dix-sept mois. Y a-t-il coïncidence due au hasard ?

Autre constatation. Ce matin, les prix de la cantine ont subitement baissé. Cette visite aura toujours eu au moins un effet indéniable. Pourvu qu'il dure !

14 août. — Quel ciel gris et à la fois moit et orageux ! Quelle chaleur fatigante et pénible !

Voilà enfin les Italiens eux aussi lancés de l'avant. Goerz et Doberdo, deux noms que nous avons si souvent lus dans les journaux allemands comme les Thermopyles de l'Autriche, les voici enfin passés aux vieux souvenirs. Cadorna me paraît en marche sur Trieste.

Les Russes avancent aussi à grands pas. Les Anglais et nous, nous nous battons, mais ce n'est pas encore la vraie victoire. Il est certain toutefois que nous avons devant nous, non des Autrichiens, mais des Allemands, et les meilleures

troupes de l'Allemagne. Il faudra cogner dur encore longtemps !

10 août. — Chaleur toujours lourde et orageuse ! Pour des
tempéraments anémiés, cette atmosphère est fatigante, sans
compter qu'il s'y mêle les émanations odorantes des champs
d'épandage qui nous entourent.

17 août. — Parlant de Waterloo, Victor Hugo a dit : « Ce
n'est pas une bataille, c'est le changement de front de l'Univers ». On peut appliquer la même pensée à la lutte actuelle.
C'est l'Univers qui secoue l'oppression que faisait depuis
quarante-six ans peser sur lui la domination de la Prusse.
Espérons que le pronostic sera vrai jusqu'au bout !

18 août. — Les Allemands ont mis le drapeau en l'honneur
du 86ᵉ anniversaire de François-Joseph. Cette attention nouvelle dénote des craintes de voir l'Autriche les lâcher. D'ailleurs le drapeau pend lamentablement. Symbole !

27 août. — Les promenades à l'extérieur, supprimées le
30 juillet pour les officiers français, le sont aussi pour les
officiers belges. Lorsque cette interdiction a été annoncée
à l'appel, un éclat de rire général a répondu. L'autorité
allemande cherchait à vexer nos amis ; on voit comme elle
a réussi.

La Roumanie ne se décide pas encore, mais il y a lieu de
croire qu'elle se décidera.

Les Allemands avaient sur la Somme, avant notre offensive de ce côté, sept divisions ; ils en ont amené vingt-trois
prises partout, ce qui a fait trente. En un mois, dix-sept ont
dû êtres retirées pour se reconstituer. Mais avec quels éléments ? Nous voyons les hommes qui nous gardent ; chaque
jour ce sont de plus vieux ou de plus malingres.

Notre offensive de la Somme nous coûte cinq fois plus de
pertes que la défensive pure. C'est payer cher nos progrès ;
mais il faut en passer par là si l'on veut des résultats fermes.

28 août. — Hurrah ! La Roumanie s'est enfin décidée à
déclarer la guerre à l'Autriche. Du même coup, l'Italie
déclare la guerre à l'Allemagne. Deux excellents signes des
temps. Ces Etats ont attendu que le fruit fût mûr ; leurs
décisions nous prouvent qu'il l'est. Les plus larges espoirs

nous sont donc ouverts. Nous pouvons entrevoir la victoire définitive de nos armes. Peut-être quitterons-nous ce triste séjour de Blankenburg avant la fin de l'année°! Dieu exaucera-t-il notre vœu ! Je crois que nous le méritons, car nous n'avons jamais désespéré.

30 août. — L'Allemagne a riposté par une bravade, la déclaration de guerre à la Roumanie, ce qui ne changera rien à la situation politique ni militaire. Aujourd'hui, coup de théâtre. Le Kaiser renvoie son chef d'état-major général, et nomme à sa place le célèbre Hindenburg ! Ce changement a une profonde signification : il contient l'aveu de l'échec des entreprises faites par Falkenhayn, échec à Verdun, échec sur la Somme. Hindenburg sera-t-il plus heureux ? Il est possible que le Kaiser veuille tenter la chance de nouvelles combinaisons. Mais quelles seront-elles ? D'après ce que nous avons pu savoir du désaccord entre Hindenburg et Falkenhayn, c'est peut-être contre la Russie que le premier chercherait à obtenir des succès plus faciles. J'espère qu'on s'y attend et qu'Alexeieff saura parer le coup. Si la nouvelle tentative des Allemands échoue, ce sera la paix dans un court délai.

En Grèce aussi, les événements tournent bien. Des manifestations colossales ont lieu en notre faveur. Venizelos domine la situation. Du reste, on dit que la blessure du roi s'est rouverte. Veut-il se rendre intéressant pour gagner du temps ? Il est comme Mme de Sévigné qui avait mal à la poitrine de sa fille ; lui, souffre physiquement des douleurs morales de son beau-frère Guillaume.

Allons ! tant mieux !

31 août. — Je faisais trop tôt l'éloge de la fidélité de Constantin à la famille de sa femme. Il vient de dégommer Dusmanis, le chef d'état-major général de son armée, et l'âme damnée des Allemands en Grèce. C'est peut-être l'indice d'une nouvelle orientation de sa politique, il veut bien lier son sort à un Kaiser victorieux, mais non à un Kaiser battu. C'est humain !

La Turquie a déclaré la guerre à la Roumanie, cela n'a aucune importance. C'est la trentième déclaration de guerre. Nous ne sommes pas au bout des surprises. En effet, il n'y a pas encore déclaration de guerre de la Bulgarie à la Roumanie qui cependant, en permettant la traversée de la Dobroutcha à une armée russe, se fait complice de son attaque. Les deux États se ménagent encore. Qui sait si un coup de théâtre ne se prépare pas par un changement de front de la Bulgarie ? Le roi Ferdinand a l'expérience de ces palinodies fructueuses. Ne lâchera-t-il pas l'Allemagne, lui aussi ?

Les Allemands paraissent inquiets du côté du Danemark. Nous aurons peut-être un hallali général auquel la Hollande et le Danemark ne voudront pas rester étrangers. L'Allemagne va payer toutes les vieilles dettes de haine qu'elle a accumulées depuis longtemps chez tous ses voisins.

2 septembre. — Les Bulgares déclarent la guerre à la Roumanie. C'est sans doute sous la pression de l'Allemagne. Tant pis pour eux ! Trente et unième déclaration de guerre.

3 septembre. — En relisant les rescrits du Kaiser à Falkenhayn et à Hindenburg, je remarque le ton général. C'est l'avenir qui permettra d'apprécier les mérites acquis par le premier ; autrement dit, leur résultat n'est pas palpable. Quant au second, on espère qu'il rendra les meilleurs services. Il n'est pas question de remporter la victoire. C'est le ton du découragement qui ne veut pas s'avouer. Les Allemands sont peut-être plus bas que nous ne le soupçonnons.

En Grèce, les événements prennent une marche rapide et favorable pour nous. L'abdication de Constantin fait trop l'objet des commentaires allemands pour ne pas être bientôt un fait accompli. Voilà un souverain qui ne laissera que de tristes souvenirs.

6 septembre. — L'attaque chauffe à l'Ouest, et l'armée française a eu un beau succès. Plus de 5.000 prisonniers allemands. Cela représente une perte de 50.000 hommes, rien que du fait de nos armes, sans compter les victimes des armes anglaises.

7 septembre. — Je passe encore une fois ce douloureux anniversaire de la chute de Maubeuge, dans une prison allemande. Mais, j'espère bien que c'est la dernière. La marche de nos succès est bien lente ; mais il y a succès certains ; nous commençons nettement à dominer nos ennemis sur tous les fronts. Ils ne font plus que de la défensive. Il faut avouer qu'ils la font avec courage et énergie.

La prise de Tetrakan a causé une surprise pénible qui a en partie compensé l'invasion de la Transylvanie au Nord-Est et à l'Est par les troupes roumaines. Nous attendons l'arrivée de l'armée russe de la Dobroutcha.

Quant aux événements de Grèce, ils tournent de plus en plus à l'opérette. Ce serait purement risible en d'autres temps ; mais aujourd'hui nous aimerions mieux des résultats plus sérieux et plus positifs.

10 septembre. — Je reçois aujourd'hui une lettre de l'ambassade d'Espagne datée du 1er septembre (dix jours pour parcourir 14 kilomètres, c'et beau la voie hiérarchique !) me transmettant la réponse à une des plaintes que j'avais formulées le 6 août. J'avais demandé la restitution de la partie de mes impressions de captivité saisie à Burg en décembre 1914. L'autorité allemande objecte que des saisies ont également eu lieu en France, et refuse de me restituer mon bien pour le moment. Je n'attendais pas moins des Allemands ; aussi ai-je avisé également de la question le député Pasqual, mon ancien compagnon de captivité. Toutefois, un bon point à l'ambassade d'Espagne.

14 septembre. — Nous avons en hommes, plus ou moins exercés une supériorité numérique incontestable. Si donc nous ne prenons pas l'offensive sur la totalité du front, c'est que nous manquons encore d'artillerie. Il faut alors attendre la fabrication de nouveaux canons et de nouvelles munitions ; cela demandera des mois ; l'hiver arrive ; les grandes opérations sont donc remises à l'année prochaine.

Autre considération. Pour tenir tête à nos attaques, il faut aux Allemands onze hommes de réserve par mètre courant, en ajoutant quatre hommes par mètre courant sur le front, cela donne quinze hommes au mètre, chiffre généralement admis pour une contre-offensive sérieuse. Les 460.000 hommes de réserve des Allemands leur donnent cet effectif sur 45 kilomètres de front environ. C'est à peu près les fronts d'attaque totalisés de la Meuse et de la Somme. Ils peuvent donc lutter, tant que nous n'aurons pas étendu notre front d'attaque dans une proportion sérieuse. Je n'entrevois des succès importants que pour le moment où notre front d'action aura environ 100 kilomètres. Il nous faut pour cela doubler notre artillerie. Ce sera encore assez long.

16 septembre. — Les Allemands se donnent un mal énorme pour amplifier le petit succès qu'ils ont remporté en Dobroutcha. Mais ils glissent sur nos succès de la Somme et sur ceux des Roumains en Transylvanie. Il faut faire du battage pour amener des souscriptions à l'emprunt et intimider les Grecs. Cela ne nous trouble pas.

Ils ont amené récemment sur la Somme, pour résister à nos attaques, une division venue en toute hâte de la région de l'Aisne ; aujourd'hui c'est de Verdun qu'ils en ont amené une autre. Leurs réserves stratégiques s'épuisent donc, et ils sont réduits à affaiblir leur front. Ayons donc bon espoir. Nous percerons bientôt.

19 septembre. — Nouvelle visite espagnole. Un médecin de l'ambassade vient parcourir le camp et prend des notes sur tous les points qu'on lui signale : retenues sur la solde et les mandats, suppression des promenades... Nous n'obtiendrons rien sans doute par cette voie, et je reste sceptique. Mais ce qui me fait plaisir c'est que je vois dans la sollicitude toute nouvelle de l'ambassadeur à notre égard un retournement de ses sentiments ; il commence à moins croire aux succès allemands et sent le besoin de nous ménager.

26 septembre. — Il a gelé un des jours derniers, et nous ne sommes pas encore fin septembre ; le chauffage des chambres a commencé hier.

Après avoir transporté en hâte sur la Somme des troupes qui étaient en réserve sur l'Aisne, puis à Verdun, voici maintenant que les Allemands en appellent de l'Yser. Leurs réserves générales de la Somme sont donc épuisées complètement ? Frappons toujours vigoureusement et nous finirons par percer. Un article de la *Gazette de Lorraine* dit que l'Allemagne dispose sur le front Ouest des 2/3 de ses meilleures troupes, soit 122 divisions. A 10.000 hommes par division, effectif actuel, cela donne 1.230.000 d'infanterie, ou avec les artilleurs 1.500.000, soit pour 600 kilomètres un peu plus de deux hommes par mètre courant. Il est impossible de lutter longtemps avec des effectifs aussi réduits, quelle que soit la bravoure des soldats et l'énergie des chefs.

28 septembre. — Depuis le 1er juillet, les pertes ennemies se chiffrent comme suit :

Pris par les Français : 33.700 prisonniers, 145 canons, 730 mitrailleuses.

Pris par les Anglais : 21.450 prisonniers, 110 canons, 225 mitrailleuses.

Pris par les Russes : 402.500 prisonniers, 840 canons, 1.580 mitrailleuses.

Pris par les Italiens : 33.000 prisonniers, 35 canons, 95 mitrailleuses.

Pour les gros chiffres pris par les Russes, il y a lieu de tenir compte de ce fait, que leurs succès ont surtout porté sur des Autrichiens. En face des Allemands, c'est tout différent.

Quoiqu'il en soit, la relation du nombre des canons et mitrailleuses par rapport au nombre des prisonniers est :

Un canon par :

Front français, 232 prisonniers ; front anglais, 195 prisonniers : front Ouest.

Front russe, 479 prisonniers ; front italien, 942 prisonniers : fronts Est et Sud-Ouest.

Une mitrailleuse par :

Front français, 40 prisonniers ; front anglais, 95 prisonniers : front Ouest.

Front russe, 254 prisonniers ; front italien, 347 prisonniers : fronts Est et Sud-Ouest.

Donc, sur le front Ouest, les Allemands ont massé deux fois plus d'artillerie que sur le front Est, et cinq fois plus de mitrailleuses. De plus, le nombre des mitrailleuses est encore plus élevé en face des Français que des Anglais, preuve qu'ils craignent davantage nos attaques à la baïonnette.

L'ordre « Pour le mérite » accordé au Kronprinz semble bien marquer la fin des tentatives infructueuses contre Verdun.

2 octobre. — Visite de M. Percival Dodge, ministre plénipotentiaire de l'ambassade américaine de Paris, venu en Allemagne en mission spéciale pour comparer les camps allemands avec les camps français. Parlant admirablement notre langue, sans l'ombre d'accent, il est fort aimable et prend des notes très sérieusement et très complètement sur tout ce que nous avons à lui signaler, en particulier sur les points que j'avais mentionnés dans une lettre adressée au député Pasqual et qui ne lui est pas parvenue. Nous espérons enfin que, par cette nouvelle voie, le gouvernement français sera complètement édifié sur certains détails.

3 octobre. — La visite de M. Dodge a produit immédiatement deux résultats favorables. Nous sommes autorisés à recevoir quelques journaux allemands plus libéraux que les pangermanistes, et les ordonnances pourront écrire à leurs familles quatre cartes et deux lettres par mois au lieu de quatre cartes et une lettre.

Pour compenser, l'autorité allemande prend par contre une nouvelle mesure vexatoire. Les virements du compte d'un officier supérieur en grade à un autre compte d'un officier inférieur en grade au précédent sont interdits, afin d'empêcher les officiers à solde élevée de venir en aide à leurs camarades moins fortunés, et d'obliger ceux-ci à faire venir de France de l'argent sur lequel le gouvernement allemand prélèvera 24 % comme je l'ai déjà exposé. Les Allemands prétendent que c'est une représaille parce que la France a pris l'initiative de cette mesure. Je me permets d'en douter. Il doit y avoir un malentendu sur un cas particulier.

8 octobre. — Le 4 octobre, le total des souscriptions au cinquième emprunt allemand était d'un peu plus de 2 milliards, d'après les listes publiées. Le 5 à midi, il était de 10 milliards 790 millions. Pendant la nuit, les milliards ont poussé comme des champignons. Si j'étais allemand, je n'aimerais pas à avoir ma fortune en titres de cet emprunt. C'est un titre de crédit, mais fictif.

23 octobre. — Assassinat du ministre président du Conseil d'Autriche, comte Sturgh ; c'était une âme damnée des Allemands. Il y a là une indication qu'en Autriche, il reste encore quelques hommes aux sentiments fiers, souffrant de l'attitude humiliée de leur pays devant l'Allemagne. Le moyen employé n'en est pas moins répréhensible. Au reste, l'avenir montrera si ce sentiment existe chez des êtres d'exception, ou si la nation vibre à l'unisson.

27 octobre. — Enfin ! le fort de Douaumont et les ouvrages annexes sont repris aux Allemands. C'est un réel succès qui consacre officiellement leur échec sur Verdun. En plus du bon résultat local, c'est une grande victoire morale ! Cet avantage compense la malheureuse tournure que prennent les événements en Dobroutcha. Il est temps que les Russes arrivent au secours des Roumains.

28 octobre. — Les journaux allemands se donnent beaucoup de mal pour expliquer la reprise par les Français du fort de Douaumont. Leurs excuses sont risibles. Le peuple est bien naïf s'il avale de pareilles bourdes.

Signe des temps ! Ce matin, j'ai vu, de mes yeux vu, le commandant du camp et le lieutenant qui lui est adjoint, tous deux en uniforme, conduire eux-mêmes à la baignade hors du camp un troupeau de quelques oies qui circulent en liberté dans le jardin. Ce simple fait montre bien la valeur qu'on attribue à ces quelques kilogrammes de viande et la disette de chair fraîche qui doit régner en Allemagne !

29 octobre. — Visite de l'abbé suisse de Fribourg que nous avions vu l'an dernier. Il se charge de confirmer à nos familles les nouvelles que nous leur écrivons ; cela leur fera plaisir et nous lui en sommes reconnaissants.

30 octobre. — Les Allemands viennent de changer leur ministre de la guerre. Le prétexte donné ne tient pas debout. Il y a certainement du grabuge en Allemagne, et il est pris comme bouc émissaire.

31 octobre. — Les honneurs rendus à Mackensen paraissent marquer la fin de l'offensive allemande en Dobroutcha. Nous verrons bientôt si c'est un indice analogue à ce qu'avait été l'ordre pour le mérite du Kronprinz.

2 novembre. — Une nouvelle instruction sur la solde précise les droits des officiers de réserve et de territoriale. Il a fallu six mois pour arriver à ce résultat. Inertie et administration !

5 novembre. — Création par l'Allemagne du royaume de Pologne !

Ce royaume sans roi, sans frontières, sans gouvernement,

sans finances, mais avec une armée, n'est qu'un leurre. La ficelle est par trop cousue de fil blanc, et il ne s'agit en somme que d'incorporer de force les Polonais faits prisonniers, plus quelques hommes restés dans le pays lors de son évacuation par les Russes. Cela peut donner peut-être 100.000 hommes tout au plus. Mais c'est un signe que les réserves s'épuisent, et il n'y a pas lieu d'en faire autrement état.

13 novembre. — Le discours du chancelier von Bethman Holweg cherchant à disculper l'Allemagne du reproche d'avoir voulu et déclaré la présente guerre est d'un ton pitoyable ; c'est la jérémiade d'un collégien pris en faute et qui essaye de rejeter la culpabilité sur son voisin. A qui fera-t-il croire que, dans un pays où la presse est menée si militairement, le *Lokal Anzeiger* ait pu, sans en avoir reçu l'ordre exprès, lancer une édition spéciale déclarant que le gouvernement avait décrété la mobilisation, et que c'est cette publication qui ait tout déclanché ? Il y a eu un coup monté pour provoquer la mobilisation russe, et la saisie du journal avait pour but de pouvoir le désavouer une fois l'effet produit. L'Europe ne sera pas dupe de cette comédie.

Visite au camp du général inspecteur. Il ne voit pas les officiers, mais seulement la cuisine, les porcs et les oies qu'engraisse l'administration. La question prisonniers le laisse froid ; celle de nourriture prime toute autre. J'aime mieux cela. Signe des temps !

15 novembre. — Les Belges célèbrent la fête de leur roi. Je me rends avec une députation à leur réunion pour les complimenter. Il importe d'entretenir l'union entre prisonniers.

17 novembre. — Le soi-disant nouveau royaume de Pologne devra faire partie de l'union douanière allemande. La formule du serment de l'armée devra comprendre, outre la fidélité à la patrie polonaise, la fidélité au Kaiser allemand comme chef de l'armée et aux deux gouvernements allemand et autrichien. Pauvres imbéciles que ceux qui s'y laisseront prendre ! Ils seront germanisés de force. J'espère que ce beau projet de l'Allemagne échouera piteusement.

19 novembre. — Premières neiges de l'hiver 1916-1917. L'aspect de cette plaine unie, recouverte d'un manteau blanc, que nous avons sous les yeux, a quelque chose de mélancolique qui ajoute à notre tristesse. Nous pensons aussi à nos pauvres poilus qui soufflent sur leurs doigts dans la tranchée !

20 novembre. — Monastir est évacué soi-disant comme intenable. C'est un prétexte enfantin pour ne pas avouer une défaite, tout comme lorsqu'il s'est agi du fort de Vaux. Que demandons-nous au fond ? Que l'ennemi batte en retraite. Cela nous suffit.

Mais que se passe-t-il en Dobroutcha ? Les communiqués sont très énigmatiques. On se battait il y a peu de jours à Cernavoda. Aujourd'hui c'est à Silistrie. Mackensen a-t-il donc subi lui aussi, une défaite, et recule-t-il grand train ? Je n'ose l'espérer. Ce doit être une manœuvre.

22 novembre. — L'Empereur d'Autriche est mort. Cela ne changera rien à la marche des opérations. Ainsi finit dans des craintes de désastre ce long règne qui a commencé par la déroute et s'est continué dans l'avilissement aux pieds d'un vainqueur orgueilleux.

Nous avons fait calculer la valeur en calories de la nourriture que l'autorité allemande distribue à nos ordonnances, 850 calories au lieu de 2.800, chiffre normal, ou de 3.500 chiffre correspondant à un travail sérieux. C'est donc moins du tiers de ce qui serait le minimum indispensable.

Il est heureux pour ces pauvres soldats que nous leur offrions, à nos frais, un repas supplémentaire. Mais que se passe-t-il dans les camps de soldats ? Quels êtres anémiés, quels terrains de culture pour les épidémies la France récupérera dans ceux de ses enfants qui auront subi les douleurs de la captivité en Allemagne ? Je parle de la France, mais il en est de même pour les autres nations, nos alliées.

Monastir est pris par l'armée serbo-française, et les Allemands ont pris Craiova. Ces deux succès se compensent.

26 novembre. — Changement de ministère en Russie. Ce mouvement paraît indiquer une orientation nouvelle de la politique du tzar. Mais qu'est-ce qui l'a motivée ? Dans quel sens sera-t-elle dirigée ? Avec la Russie autocrate, on ne peut savoir. En tout cas, le comte Sturmer, lui-même, a, il y a peu de jours, affirmé la fidélité de la Russie à ses alliances. Des bruits de paix séparée avaient couru. Avaient-ils réellement trouvé de l'écho dans une partie des dirigeants de Russie ? Nous le saurons plus tard.

27 novembre. — Continuation des changements de personnel dans les hautes sphères russes. Le Grand Duc Nicolas reprendrait le commandement suprême. Or il est le chef du parti de la guerre. Nous allons donc sans doute voir la Russie commencer de nouveaux efforts. Il est temps d'aller secourir la Roumanie ; Alexeieff, qui n'a pas su le faire, est sacrifié. Peut-être aussi y a-t-il incompatibilité d'humeur entre ces deux grands chefs et Nicolas veut-il un chef d'état-major plus souple.

Les événements de Roumanie deviennent inquiétants. Les Allemands ont réussi à rassembler une armée suffisante pour battre ce petit pays, et les Alliés n'ont pas su faire à temps le nécessaire pour le soutenir. On avait cru les Allemands et leur groupe plus épuisés qu'ils ne le sont. L'avantage de l'unité de direction et celui des lignes intérieures facilitant les déplacements de troupes et de matériel font sentir leur effet.

4 décembre. — Après un combat qui a rapporté à leurs troupes un butin d'une dizaine de canons et 2.860 prisonniers, les Allemands prétendent avoir remporté sur les Roumains une grande victoire, et célèbrent des *Te Deum* dans toute la Prusse. L'arrivée des renforts russes leur fait-elle craindre de ne plus avoir d'autres succès, et pour cette raison cherchent-ils à imposer aux neutres et à leur population l'idée qu'ils ont réellement remporté une victoire ?

5 décembre. — Les renforts russes sont signalés, et vainqueurs à l'aile gauche, les soldats de Falkenhayn sont battus à l'aile droite. Attendons et espérons.

6 décembre. — Vain espoir ! Le renfort était insuffisant et le recul continue.

7 décembre. — Bucarest est occupé sans combat. Les Allemands célèbrent ce fait comme une victoire. Il n'y a rien de glorieux dans le fait lui-même, puisque Bucarest n'a pas été défendue. Il en ressort seulement que les Allemands ont fait en Roumanie une campagne heureuse. Ils ont renoncé à attaquer ceux des Alliés dont ils appréciaient la force, et ils ont concentré tous les efforts sur une petite nation. Ce choix parle de lui-même !

La loi sur le service civil obligatoire a été votée il y a quelques jours au Reichstag par 235 voix sur 400 membres. La loi rencontre donc en réalité 165 opposants, dont fort peu ont eu le courage de leur opinion ; ainsi elle est loin d'être acceptée courageusement par la nation. Dans les contrées de l'Entente, on ne voit rien de pareil. Au contraire, l'Angleterre paraît décidée à redoubler d'efforts : la Russie fait de même ; quant à la France, elle n'a jamais faibli dans son énergie de lutte.

12 décembre. — Un souffle a passé ces temps-ci sur tous les pays de l'Entente pour réclamer des méthodes plus énergiques et plus expéditives dans la conduite générale de la guerre. Que fait-on depuis deux mois ? On a regardé écraser la Roumanie sans venir efficacement à son secours. Il y a sans doute un motif. Mais quel est-il ? On ne peut que bien augurer des réformes projetées, qui sont le contraire d'un indice de découragement.

13 décembre. — Hier, manifestations solennelles des Allemands offrant la paix. Seulement de quelle paix s'agit-il ? Nous n'en savons encore rien. Est-ce une comédie pour pouvoir dire : « Ce n'est pas nous qui voulons la guerre ? » On ne le saura que lorsqu'ils auront réellement précisé leurs propositions. Attendons froidement.

14 décembre. — A 6 heures du soir, retentit soudain la sonnerie de l'appel. Nous nous réunissons intrigués, nous demandant s'il y a eu une évasion. On nous prévient solennellement que les effets non réglementaires d'uniforme ne seront plus tolérés ! ! ! Tableau !

Les Allemands se montrent bien nerveux.

(Il paraît qu'en réalité un officier anglais avait cherché à s'évader en civil, mais il avait été repris presque immédiatement.)

15 décembre. — La paix allemande ne paraît pas recevoir dans nos pays un accueil chaleureux. Les Allemands restent énigmatiques sur la nature des conditions de paix.

18 décembre. — Les Français viennent de remporter une véritable victoire près de Verdun, 81 canons, 9.000 prisonniers. Cinq divisions allemandes battues par quatre françaises ; en admettant que les divisions allemandes ne soient plus qu'à l'effectif de 10.000 hommes, cela représente encore pour eux une légère supériorité d'effectif. Une troupe énergiquement commandée peut donc, à force égale, venir à bout des Allemands. On nous affirme, et les Allemands le proclament, que l'Entente a la supériorité des effectifs. Donc nous devons vaincre, pourvu que nos alliés fassent des efforts égaux aux nôtres. Nous allons voir ce que feront les Anglais et les Russes. Pour le moment on n'aperçoit malheureusement rien.

19 décembre. — Visite de l'ambassade américaine pour les Anglais.

Les Allemands nous interdisent de faire dorénavant des commandes de vivres en pays neutres ou de l'Entente. Ils veulent affamer ceux qui ne reçoivent pas assez de leurs familles. S'ils espèrent par là faire pression sur nos gouvernements, ils se trompent. Un semblable moyen se juge par lui-même. C'est l'acte d'un peuple aux abois. Allons ! tant mieux ! Nous nous attendons bien à pâtir lorsque nos ennemis seront épuisés. Le plus tôt sera donc le mieux.

21 décembre. — Visite du général inspecteur allemand. Cette fois-ci, il voit individuellement chacun des officiers prisonniers. Je profite de l'occasion pour protester contre la mesure visée plus haut. Je lui fais observer qu'elle est en contradiction avec la convention par laquelle le gouvernement allemand s'est engagé à transporter les vivres qui nous sont destinés, en échange du fait que la France donne 600 grammes de pain chaque jour aux prisonniers allemands, alors que nous ne recevons que 300 grammes ; j'explique qu'il n'y a aucune différence entre les vivres que nous envoient nos familles sur l'argent qu'elles ont entre les mains et qui nous appartient, et ceux que nous commandons directement à nos frais sur l'argent dont nous disposons. J'ajoute que la mesure entraînera forcément des représailles au détriment des prisonniers allemands, et que la bataille se livrera sur le dos de prisonniers qui sont déjà assez malheureux sans ces vexations. Le général m'a écouté avec attention et m'a invité à lui remettre une notre écrite à ce sujet, disant qu'il ferait examiner la question. Je remets la note en question à la Kommandantur.

Il paraîtrait que le motif réel de la mesure est de réagir contre la baisse de la valuta, en interdisant les sorties d'argent.

Je lis ceci dans un journal d'ici : « L'Allemand a beaucoup appris dans cette guerre : le plus important qu'il ait appris consiste à trouver la juste mesure pour les choses et à aborder avec une saine raison les problèmes qui ne peuvent être motivés, appréciés et tranchés qu'avec une saine raison. » Quel galimatias, mais aussi quel changement de langage depuis deux ans ! Nous voilà loin de la politique du poing fermé, du triomphe sauvage de la force tant prôné jusqu'ici. On dirait que la leçon commence à leur profiter ?

22 décembre. — Jusqu'à ce jour les journaux allemands se sont montrés très réservés dans leurs appréciations sur la façon dont leur proposition d'entamer des pourparlers de paix est accueillie chez les puissances de l'Entente. On sent le désir de ne rien envenimer, et, en tout état de choses, de maintenir entr'ouverte l'éventualité de nouvelles déclarations pacifiques.

23 décembre. — Le Président des Etats-Unis Wilson intervient directement en faveur de négociations de paix. Il avait annoncé qu'il ne le ferait que lorsqu'il jugerait la situation telle que les deux partis fussent disposés à l'écouter. Il affirme d'autre part n'avoir pas été influencé par l'offre allemande. Serait-ce que de part et d'autre l'épuisement serait assez marqué ou les garanties devenues telles que l'on envisagerait une entente comme possible ? Attendons. En tout cas il paraît certain que la nébuleuse que formaient les **idées** de paix est en train de se condenser. Prendra-t-elle forme bientôt ? Il y a assez de gloire militaire pour les principaux belligérants. L'Allemagne a beaucoup baissé ses prétentions, mais les sacrifices à faire pour l'abattre valent-ils les résultats qu'on peut encore obtenir ? C'est là qu'est le problème.

28 décembre. — La plupart des neutres, l'Amérique en tête, cherchent à intervenir pour faciliter un rapprochement permettant de discuter les conditions de la paix. Jusqu'ici les Alliés font la sourde oreille. Je ne pense pas cependant que, malgré certains discours belliqueux, l'Entente réponde aux Allemands par un refus brutal. On leur montrera — et le retard à répondre le montre déjà — que, nous, nous ne tenons pas à la paix à tout prix ; on laissera la porte entr'ouverte pour des négociations ultérieures. Quant aux neutres, on ne peut voir, en général, dans leur démarche, que des pensées égoïstes ; ils n'ont pas trouvé un mot de blâme lorsqu'a été commis le crime de l'invasion de la Belgique, pays neutralisé par l'Europe entière. S'ils interviennent maintenant, c'est parce que le blocus les gêne dans leurs intérêts ; mais qu'ils ne parlent pas de l'humanité ni de sentiment !

31 décembre. — Le rescrit du Kaiser à son armée et à sa flotte, pour la nouvelle année, prétend que l'armée est victorieuse partout (et Verdun ! ! !), et que la flotte a été victorieuse au Skagerrak (une flotte qui n'a causé des pertes qu'à une avant-garde et pris la fuite devant le gros de l'ennemi, c'est donc là être victorieux au sens allemand ?). Avec une pareille estimation des faits les plus patents, sera-t-il possible d'arriver à un accord ? Le doute est permis. Ou bien toute cette grandiloquence n'est-elle qu'un bluff monstre pour tromper l'Entente à la veille de céder à ses exigences ? Nous le saurons bientôt.

Voici donc encore une année de plus entièrement passée en Allemagne ! Nous avons eu des espérances qui paraissaient légitimes, et des désillusions. Cependant celles-ci n'ont pas abattu notre courage. Loin de là, notre moral reste excellent. Plus que jamais, convaincus que le bon droit est de notre côté, confiants dans les efforts de nos camarades du front, nous comptons que la victoire définitive se fixera sous les plis de notre drapeau, et que nous pourrons rentrer bientôt en France le front haut et le cœur ferme.

BLANKENBURG, KNEUTTINGHEM, HEIDELBERG

1er JANVIER 1917. — Encore un nouveau millésime qui commence en Allemagne ! Sera-ce le dernier ? Certains symptômes permettent de l'espérer. Mais gardons-nous de toute tendance à trop le croire, pour éviter les déceptions déjà éprouvées à deux reprises.

2 janvier. — La réponse de l'Entente à l'Allemagne est fière et énergique, sinon quelque peu méprisante, lorsqu'elle dit qu'on ne peut traiter avec un gouvernement qui considère les traités signés par lui comme des chiffons de papier et proclame que le besoin ne connaît pas de lois. Mais c'est une réponse qui ne se signe qu'à coups de canon. Il faut espérer que l'Entente dispose des pièces et des munitions nécessaires, bien que l'attitude des Russes en Valachie donne lieu, sur ce sujet, à bien des soupçons.

Les premiers commentaires des journaux allemands ne se montrent nullement indignés, mais résignés plutôt. En France une pareille note n'aurait reçu qu'un accueil : au mépris, on répond fièrement par la lutte. Ici, rien de pareil ; les journaux se bornent à ergoter sur des pointes d'aiguille. Leur amour-propre n'est qu'un orgueil insensé et hautain dans la prospérité, qui sombre à plat dans la fortune contraire.

La note de l'Amérique paraît bien maintenant avoir été réellement une tentative de médiation déguisée et faite à l'instigation de l'Allemagne qui la sollicitait depuis deux mois. Le voyage de l'ambassadeur Gérard à New-York se trouve maintenant clairement expliqué.

Visite du représentant d'une œuvre neutre de secours aux prisonniers de guerre dite de l'Union chrétienne. Il me dit que depuis six mois il constate de réelles améliorations dans les camps de soldats. Je l'apprends avec plaisir.

Un ordre du Kaiser à l'armée et à la flotte annonce le rejet de ses propositions de paix. Le ton est celui de la résignation plutôt que celui de l'ardeur combative. Il est bien étonnant que le Kaiser ne s'adresse pas à la nation allemande elle-même, puisque c'est aux civils maintenant qu'il a recours pour prolonger la guerre. La Nation compte-t-elle à ses yeux pour si peu ?

8 janvier. — Visite de deux représentants de l'ambassade d'Espagne, un médecin et un consul. Ils s'enquièrent avec détail de la façon dont sont effectués les envois de biscuit pour les soldats. Je leur rappelle également les questions restées encore sans solution et leur demande de s'occuper de celle qui concerne la suppression des commandes faites par nous.

11 janvier. — L'Allemagne adresse une note aux neutres. C'est une excuse embarrassée et sans grandeur. Elle n'a pas encore compris ou ne veut pas paraître comprendre qu'il ne suffisait pas d'offrir à la Belgique une indemnité pour avoir droit de passage sur son territoire, et qu'avec ou sans indemnité c'était violer un traité signé. L'honneur, le respect de la foi jurée, n'existent pas pour le gouvernement du Kaiser ni pour la nation elle-même dont la conscience est atrophiée.

13 janvier. — La réponse de l'Entente à Wilson est un superbe programme des principes de la civilisation et des règles de la liberté des peuples. Aussi est-elle mal accueillie par les dirigeants de l'Allemagne. Le *Vorwaerts*, organe du peuple, qui a paru ce matin, n'est qu'un cri de colère et de dépit. Le peuple allemand partagera-t-il la fureur de la presse ? Le doute est permis. Cette grande leçon provoquera-t-elle l'éveil de la conscience du peuple allemand ?

Un mot bien allemand d'un journal tudesque : « Ayons bien confiance en Dieu qui a créé le fer (pour nos ennemis). » Voilà l'idée qu'ils se font de la divinité !

14 janvier. — Dans une conversation avec le commandant du camp, j'ai appris que l'interdiction absolue de faire en pays neutres des commandes et, en vue de les payer, d'envoyer de l'argent à l'étranger ne s'appliquait qu'aux prisonniers de guerre. En ce qui concerne les Allemands, l'interdiction ne vaut que pour des sommes supérieures à 1.000 marks. C'est donc simplement une vexation préméditée à notre égard. La raison que m'a donnée le commandant est que l'autorité voulait empêcher les prisonniers de recevoir plus de vivres que les civils, parce que ces derniers en concevaient de la jalousie. Eh bien ! et leurs conventions qu'en font-ils ? Ils ont accepté que les prisonniers allemands reçoivent une ration de pain double de la nôtre, avec obligation pour eux, par mesure de compensation, de transmettre nos vivres. Ils manquent à leur parole une fois de plus. C'est toujours la même mentalité. Avec ces gens-là, les traités ne sont toujours que des chiffons de papier.

15 janvier. — Depuis dix jours, nous sommes sous la neige. Cette nuit le thermomètre est descendu à — 10°.

Les journaux allemands se battent les flancs pour exciter la colère de leur peuple contre l'Entente. Ils publient une lettre du Kaiser indiquant qu'il songeait à la paix depuis fin octobre. Cela montre à quel point ils en ont besoin. Certaines conversations avec des gens du peuple le montrent aussi surabondamment. L'enthousiasme guerrier n'est plus qu'un souvenir et ne se réchauffe guère.

Voilà deux fois que les journaux allemands prêtent à M. de Batocki des déclarations réjouissantes pour l'Allemagne sur les approvisionnements de grains conquis en Roumanie, et que plusieurs jours après, des entrefilets, aussi modestes que les déclarations étaient retentissantes, rectifient en disant que M. de Batocki n'a rien dit de semblable. Ce sont des mensonges calculés et destinés à encourager le peuple affamé.

Donc ils n'ont pas trouvé en Roumanie le blé qu'ils espéraient. La famine continue à s'approcher à grands pas.

16 janvier. — Je reçois de l'ambassade d'Amérique de Paris une réponse à ma lettre du 4 octobre relative à l'interdiction aux officiers supérieurs en grade de venir en aide de leur bourse à leurs inférieurs. Elle m'informe que, *depuis la fin de novembre*, la mesure analogue en France a été rapportée. Le commandant du camp m'a affirmé ce matin qu'elle allait l'être de même en Allemagne. Cette lettre a mis quarante-quatre jours à me parvenir. L'autorité allemande en avait donc connaissance depuis longtemps et n'a encore rien fait.

Un journal allemand publie la ration du feldgrau. Il y a, en général, réduction de 1/5, mais pour le pain la réduction est de moitié et pour les pommes de terre des 4/5. Pour que la ration du soldat soit ainsi réduite, que doit être la situation de la population ?

19 janvier. — Toujours sous la neige. Froid — 10° pendant la nuit.

Il paraît que la population manque de pain à Berlin. Cette situation pourra-t-elle durer ?

La démarche de Wilson serait-elle dictée par la pitié pour les souffrances de la population allemande, et non par la sympathie pour ses gouvernants ?

22 janvier. — Froid — 17° pendant la nuit.

26 janvier. — Froid — 10° pendant la nuit.

Le président Wilson a exposé dans un grand discours sensationnel ses idées sur les principes qui devraient assurer dans l'avenir la paix du monde. Ils concordent dans l'ensemble avec quelques-uns de ceux exposés par l'Entente dans sa réponse à la note écrite de Wilson. Toutefois je ne saisis pas clairement ce qu'il entend par liberté des mers, et le discours me paraît entaché d'utopies sur le désarmement. Quant à l'Allemagne, elle ne dit mot. Depuis quatre jours qu'a paru le discours, d'ailleurs intentionnellement communiqué *in extenso* et sans être analysé, les journaux allemands s'abstiennent de tout commentaire. Il y a trop de principes contraires aux ambitions de l'Allemagne pour approuver le discours, et d'autre part on hésite à se brouiller ouvertement avec l'Amérique. La *Gazette de Lorraine* a même attendu longtemps avant de faire allusion à ce discours. Le principe des nationalités paraît à l'autorité allemande dangereux à laisser se répandre dans les provinces annexées de force et contre la volonté des habitants.

28 janvier. — L'interdiction aux officiers supérieurs en grade d'aider de leur bourse leurs inférieurs en grade est enfin levée. Il y a deux mois que cette interdiction est levée en France et un mois et demi que le gouvernement allemand en a été informé par l'ambassade d'Amérique. Ici, on n'est jamais pressés lorsqu'il s'agit d'une mesure en faveur des prisonniers.

2 février. — Froid — 15° pendant la nuit.

Le Chancelier d'Allemagne, qui avait mené une campagne si ardente l'an dernier contre la guerre sous-marine à outrance et qui y avait même joué son poste, se rallie aujourd'hui à la piraterie. Signe évident que l'Allemagne est aux abois et emploie les moyens les plus désespérés. Cette guerre gênera un peu l'Entente qui saura supporter courageusement cette épreuve ; mais elle indisposera tous les neutres contre nos ennemis.

Le Chancelier proclame le besoin d'une paix immédiate ; excellent indice d'épuisement. Il déclare que l'Allemagne n'a jamais voulu annexer la Belgique. La bonne plaisanterie ! Ils voient aujourd'hui que les raisins sont devenus trop verts.

3 février. — Froid — 18° la nuit, — 11° à 1 heure soir.

Je plains les pauvres prisonniers insuffisamment nourris par un froid pareil. Quant aux Allemands, c'est eux qui ont voulu la guerre et ses conséquences. Je réserve ma pitié pour d'autres.

Un journal allemand publié à Berlin en français et qui a pour titre *La Paix*, déclare que ses compatriotes ont assez de la guerre et qu'ils veulent la paix. Mais, par contre, ils ne savent pas s'empêcher de menacer, et prétendent,, si on ne met pas fin à la guerre, conquérir en 1917 la Hollande, l'Egypte et le Nord de l'Italie. La Hollande cependant n'est point en guerre avec eux. Voilà donc bien le bout de l'oreille qui perce, et les ambitions sur la Hollande nettement dévoilées. Est-ce sur cette menace que la Hollande interdit la sortie du pays de tous les hommes de 18 à 48 ans ? Voit-elle enfin clair dans les appétits allemands ?

5 février. — Hier — 23°, cette nuit — 24°, à 10 heures du matin — 21°.

Il y a aujourd'hui deux ans que les Allemands m'ont fait traverser Berlin en *voiture cellulaire !* Ils ne l'oseraient sans doute plus aujourd'hui qu'ils ont presque tout le monde contre eux.

Deux ans à Blankenburg ! J'ai travaillé et le temps a passé, mais quelle dure épreuve !

L'Amérique rompt les relations diplomatiques avec l'Allemagne. Qu'en sortira-t-il ? Sans doute la guerre. Jusqu'à quel point les Irlandais et les Allemands d'Amérique l'entraveront-ils ? Les Allemands comptent-ils sur une guerre civile aux Etats Unis ? J'espère qu'ils seront déçus.

7 février. — Avant-hier — 22°, aujourd'hui — 17°. C'est plus supportable.

La ration de viande est réduite à 150 grammes par semaine ! Celle de pommes de terre à 3 livres par semaine ! C'est la famine à brève échéance.

9 février. — Le journal allemand *La Paix*, publié à Berlin en langue française, a la prétention d'être l'organe des prisonniers de guerre. Mensonge impudent. Il n'est qu'allemand, rien qu'allemand. Quelle naïveté stupide de s'imaginer que la supercherie trompera quelqu'un !

10 février. — Enfin ! le thermomètre remonte à — 6° cette nuit, 0° à midi. Il y a cinq semaines que nous sommes sous la neige, et vingt-cinq jours que le thermomètre descend la nuit au-dessous de — 10° ; à trois reprises il est descendu au-dessous de — 20°. C'est dur à supporter ; mais il y a de plus malheureux que nous, les soldats dans les tranchées, et les malheureux expatriés par la force, mal nourris et mal logés.

11 février. — Pour chauffer l'élan populaire qui est de plus en plus refroidi, les journaux publient des appels signés de notabilités. Aujourd'hui ce sont deux généraux connus. L'un d'eux termine sa harangue par ces mots : « Plus d'espace à la race allemande qui ose tout pour gagner l'empire ! » On n'avoue pas avec plus de cynisme la guerre de conquêtes sans scrupule et le désir de domination sur l'Europe. Tous les deux s'expriment d'ailleurs en un style que je ne veux pas qualifier, mais dont je ne puis résister au plaisir de consigner des extraits : « Nous voulons vaincre parce que c'est notre volonté irréductible. » Mais nous aussi nous disons la même chose. Un seul aura raison. « Frapper la tête de l'ennemi à son cœur, tel est notre but. » Oh ! cette tête qui a un cœur ! On voit bien que l'auteur a des cauchemars... depuis la bataille de la Marne !

16 février. — Les journaux allemands affirmaient hier avoir répondu fièrement par un non ! à une démarche de l'Amérique tendant à rétablir les relations diplomatiques par l'intermédiaire de la légation suisse. Mais si on lit le texte de la communication suisse, on voit clairement que c'est l'inverse qui a eu lieu. L'Allemagne joue double jeu ; elle parlemente en secret et émet très haut de soi-disant prétentions intransigeantes lorsqu'elle est battue diplomatiquement. Comédie !

Ils se vantent aujourd'hui d'avoir coulé un bateau américain. On dirait qu'ils cherchent à obliger l'Amérique à leur déclarer la guerre.

17 février. — La Chine elle-même proteste au nom du droit des gens contre la méthode nouvelle de guerre des sous-marins à l'égard des bateaux marchands. Un peuple qui a de fortes prétentions à la haute culture recevoir une leçon de civilisation de la Chine ! Les journaux cependant l'annoncent en grandes lettres. On dirait qu'ils sont fiers de lancer un défi à l'univers entier.

22 février. — Le froid redescend à — 13°.

De grands retards et de nombreux désordres dans l'arrivée des lettres et colis se produisent depuis quelque temps. Comme lettres et colis passent par trois administrations différentes, française, suisse et allemande, nous nous demandions où résidait le siège du mal. Une note de l'autorité allemande, avoue implicitement que la coupable est l'administration allemande, mal organisée avec un personnel de fortune, et avec laquelle il faut de huit à douze jours pour qu'une lettre aille du camp à Berlin (distance 14 kilomètres). Nous voilà fixés !

25 février. — Il vient d'y avoir au Reichstag une séance intéressante. Tout d'abord les déclarations officielles ont bien montré que les Alsaciens-Lorrains étaient traités non comme des Allemands, mais comme des habitants de pays d'occupation. J'espère que les Alsaciens-Lorrains ne se méprendront pas sur ce terme, ni sur les intentions que l'on garde à leur égard. Et qui sait si, par l'ironie des choses, ce terme de pays d'occupation, ce qui veut dire d'occupation provisoire, ne sera pas dûment justifié par l'avenir ?

D'autre part, un député socialiste, appartenant à la minorité de ce parti, a eu le courage de blâmer le néant de l'offre de paix de décembre, et la guerre des sous-marins. Avant peu nous apprendrons que cet héroïque et exceptionnel Allemand est allé rejoindre Liebnecht en prison. Il est probable pourtant qu'il a traduit un sentiment qui règne, non certes parmi les hobereaux, mais dans le peuple presque entier.

26 février. — Je viens de recevoir la réponse officielle de l'autorité allemande à ma protestation du 21 décembre dernier contre l'interdiction de faire des commandes de vivres en pays neutre. L'autorité allemande refuse d'y donner suite, je m'y attendais. Elle prétend par contre que la convention sur laquelle je m'appuyais, et par laquelle le gouvernement français s'oblige bénévolement à donner aux prisonniers allemands en France 600 grammes de pain par jour, alors que nous, en Allemagne, n'en recevons que 300 grammes, ne comporte pour l'Allemagne d'autre obligation que celle de transporter le supplément de 300 grammes de pain que le gouvernement français envoie à ses soldats prisonniers en Allemagne. Ainsi le gouvernement français fournirait lui-même 600 grammes de pain aux prisonniers allemands, alors qu'il n'accorde que 300 grammes aux citoyens français et belges, et le gouvernement allemand ne fournirait aux prisonniers français que 300 grammes de pain (et quel pain ?) sans autre charge que de transporter ce supplément ? Ce serait un marché de dupe. Je n'en crois rien.

3 mars. — Disgrâce du maréchal Conrad de Hœtzendorf, chef d'état-major austro-hongrois. Il a cessé de plaire, et peut-être ne s'entend-il pas avec Hindenburg.

Les journaux allemands sont étonnés que la démarche, qu'ils croyaient secrète, d'offrir au Mexique plusieurs provinces américaines s'il voulait s'allier à l'Allemagne contre l'Amérique, ait été connue des Américains. Cette démarche était dans les choses possibles ; mais sa divulgation a eu le bon effet d'indigner les Américains. Nous aurons avant peu un allié de plus !

Le *Local-Anzeiger*, journal pangermaniste, est obligé d'avouer que la réquisition des civils ne donne pas les résultats espérés.

5 mars. — Nouvelle rechute du thermomètre — 12° cette nuit.

7 mars. — Température toujours glaciale avec vent — 12° la nuit, — 9° à 9 h. 30 matin.

Le *Francfurter Zeitung* a le courage de blâmer la démarche tentée auprès du Mexique, en montrant combien elle contredit la prétention de raccourcir la guerre par l'action des sous-marins, combien en outre est vaine l'espérance que le Japon subira l'influence du Mexique, enfin combien est limitée l'action de Corranza au Mexique même. Toute la nation allemande n'approuve donc pas la politique actuelle. C'est un parti restreint qui dirige les affaires. Ce parti a joué sa dernière carte. Il perdra la partie.

8 mars. — Encore la neige !

10 mars. — Une commission militaire espagnole, invitée par le gouvernement allemand, visite le front de l'Ouest, pendant qu'une commission analogue suédoise visite le front de l'Est. Que signifie cette invitation ? Espèrent-ils nous faire convaincre par des affirmations de neutres que leurs fronts sont imperçables ? Nous verrons bien. Ils essayent d'éviter l'assaut.

Si les Espagnols et les Suédois font une tentative dans ce sens, quel rôle prennent-ils, sinon celui de complices ? Ou bien sont-ils soumis à une pression de l'Allemagne ? J'espère qu'en tous les cas, leurs démarches, s'ils en faisaient auprès de l'Entente, seraient reçues avec l'indifférence qu'elles méritent.

13 mars. — Bagdad est pris. Bravo les Anglais ! Voilà une campagne menée vigoureusement, et dont le retentissement sera énorme. Erzeroum, la Mecque, Médine, Bagdad, et peut-être Constantinople, voilà ce qu'aura coûté aux Turcs l'amitié de l'Allemagne. Pour les Allemands aussi, la chute de Bagdad est une grave défaite, car c'est la fin de leur rêve d'expansion vers les Indes par la Mésopotamie.

Après une annonce sommaire de l'événement, les journaux font le silence, surtout maintenant que le sixième emprunt est en cours. Le numéro de la *Francfurter Zeitung* donnant le récit anglais nous a été supprimé ! Quant au récit turc, il se garde d'en faire mention et annonce seulement la prise de nouvelles positions, conformément au plan, sans dire où ni pourquoi. On ne peut travestir les faits plus impudemment.

15 mars. — Le *Lokal Anzeiger* console ses lecteurs de la chute de Bagdad en disant que l'échec des Turcs a l'avantage de les rapprocher de leur capitale ! Un comble !

Tous les Anglais du camp sont expédiés dans un autre camp. Il est à craindre qu'il ne s'agisse de représailles. Depuis quelque temps, les Anglais prisonniers paraissent jouir de certaines petites faveurs. Mais aujourd'hui il ne semble pas devoir en être de même. Nous regrettons le départ de plusieurs d'entre eux, les Ecossais surtout, qui étaient de vrais gentlemen d'excellente éducation.

Les attaques contre la Chambre des Seigneurs de Prusse peuvent être grosses de conséquences. Ce serait le signe précurseur de la fin de cette féodalité militaire et financière. Le Chancelier chercherait-il à obtenir de l'Entente des conditions de paix meilleures en montrant que le militarisme prussien est déjà mort ? Ce serait habile peut-être. Et puis il pourrait charger une féodalité passée de tous les crimes d'Israël ; elle serait le bouc émissaire.

D'autre part, une semblable attitude démontre l'insuccès de la guerre des sous-marins, laquelle devait amener sûrement une victoire définitive ; le chancelier n'aurait-il plus d'illusions ?

16 mars. — On annonce une révolution en Russie. Quelles en seront les conséquences pour la guerre ? Il y avait fort à dire sur la conduite des organisations intérieures du pays à ce point de vue particulier, et ce ne serait peut-être pas un mal d'y voir mettre de l'ordre. Mais quel formidable changement !

19 mars. — C'est une révolution complète en Russie, et la fin du régime autocratique en même temps que l'effondrement du parti allemand, si influent à la cour du Tzar. La solution sera-t-elle heureuse pour nous, pays de l'Entente ? C'est encore à voir. D'autre part, cette marche subite de la Russie, jusqu'ici arriérée dans son régime autocratique, vers les libertés populaires, est une terrible leçon pour le militarisme prussien et la féodalité prussienne. Le vent qui souffle de l'Est pourrait bien provoquer chez les Allemands qui observent, un désir analogue de secouer le régime actuel.

Bapaume-Péronne-Roye-Noyon, cette ligne que les Allemands prônaient si formidable, est évacuée, et notre cavalerie poursuit, ce qui indique un mouvement de grande profondeur. Cela sent le commencement d'une retraite de grande amplitude. Hindenburg, craignant sans doute d'être pris à revers dans le cul-de-sac de Noyon, si l'offensive de l'Entente réussit à percer plus au Nord ou plus à l'Est, évacue tout l'angle saillant formé par sa ligne d'Arras à Soissons. C'est un succès pour nous, tout au moins stratégique.

21 mars. — Printemps officiel ; mais il gèle et il neige. Le travail de la terre subit en Allemagne un retard plus dangereux pour elle de jour en jour.

24 mars. — Von Batocki annonce un rationnement encore plus limité pour les vivres.

26 mars. — Les Allemands continuent pied à pied leur retraite du front Oise-Aisne, d'Arras à Reims. Malgré leur vantardise sur l'habileté de l'exécution, ce n'en est pas moins une défaite stratégique. Quand on forme un mur d'airain devant l'ennemi, comme ils l'ont dit et répété tant de fois, on ne bat pas en retraite.

29 mars. — Discours du chancelier. Incolore. Plus de fanfaronnades. Plutôt de la tristesse et de l'inquiétude.

2 avril. — Les femmes allemandes n'ont plus droit, d'après l'autorité supérieure, qu'à quatre chemises et deux robes, le reste à l'avenant. Les femmes allemandes n'oublieront pas cette guerre.

Je viens de voir des photographies des démolitions faites à Lille par le canon, et l'incendie allumé par les Allemands dans les rues de l'intérieur de la ville. Les Lillois, eux non plus, n'oublieront pas cette guerre et la conduite de leurs oppresseurs.

3 avril. — Depuis deux jours, la censure nous supprime les 3/4 des éditions journalières du journal de Francfort. Certains articles doivent lui déplaire. Que se passe-t-il ? Peut-être s'agit-il de commentaires sur le courageux discours d'un socialiste blâmant les pangermanistes et réclamant des libertés immédiates à l'instar de la Russie.

4 avril. — Dans son message au Congrès, le président Wilson stigmatise la barbarie du procédé de guerre des sous-marins allemands, et déclare lutter au nom de l'humanité. D'autre part il a soin de distinguer le peuple allemand, qui n'a pas été consulté, de la dynastie et d'un groupe d'intrigants ambitieux. Ce message aura sans doute un grand retentissement en Allemagne, où déjà perce sourdement le mécontentement contre les pangermanistes.

5 avril. — Ce matin, nous avons vu sur la route qui longe le camp, un homme monté sur une voiture, frapper à coups de fouet et injurier de quel ton ! un groupe d'une vingtaine de malheureuses femmes et d'enfants affamés qui ramassaient quelques navets tombés lors de l'entassement de ces légumes dans des silos. Les révolutions sont souvent précédées de violences analogues. De pareils faits, l'exemple de la Russie, les exhortations de l'Amérique, en voilà suffisamment pour déchaîner des événements capitaux.

8 avril. — Comme œufs de Pâques, un rescrit promet au peuple de Prusse, un droit d'élection plus large... après la fin de la guerre. Le bon billet qu'a La Châtre !

L'Amérique déclare officiellement la guerre à l'Allemagne ou mieux, constate que l'état de guerre existe en fait par la conduite des Allemands.

Au cours du change en Suisse, 100 francs français équivalent à 114 marks. Ma demi-solde de 600 francs équivaudrait donc à 684 marks. Le gouvernement allemand ne verse à mon compte que 480 marks. Je suis donc frustré de 204 marks, soit près de *un tiers*. Il en est de même pour nous tous. L'autorité française devrait intervenir. Le fera-t-elle ?

10 avril. — Giboulées de neige et de pluie.

12 avril. — Les Anglais ont infligé à Hindenburg une sérieuse défaite. 13.000 prisonniers, plus de 160 canons, 60 lanceurs de mines, 163 mitrailleuses, et un important gain de terrain.

Qu'est devenu le fameux mur d'airain ?

16 avril. — L'autorité allemande qui, jusqu'ici, s'était montrée assez large, du moins au camp de Blankenburg, pour la vérification des colis venus de nos familles, montre maintenant, en vertu d'ordres supérieurs, une méfiance extrême. On peut croire qu'elle redoute l'envoi et la distribution aux civils de manifestes révolutionnaires. C'est l'indice que la situation politique à l'intérieur du pays n'est pas sans causer quelques craintes de voir l'incendie qui brûle en Russie se communiquer en Prusse et dans toute l'Allemagne.

Les journaux allemands cherchent à rassurer leurs lecteurs en affectant de croire à une paix séparée avec la Russie, et de compter à cet effet sur la conférence socialiste internationale de Stockolm. J'espère qu'ils auront une déception de plus.

18 avril. — L'offensive française a débuté vigoureusement et brillamment. Plus de 10.000 prisonniers (alors que, dans leurs récits, les Allemands avouent qu'ils évacuent les lignes pour ménager les soldats) sont le plus sûr indice de la puissance des attaques et de l'importance des résultats obtenus. Nous sommes pleins d'espoir.

19 avril. — Tempête de neige et gelée hier. Quel hiver ! Et l'on se bat malgré les intempéries si dures. Nos poilus ont double courage et nous ne pouvons que les admirer davantage.

20 avril. — Les Allemands avouent avoir perdu toute leur première ligne de Soissons à Reims. Ils se sont repliés sur une nouvelle ligne qu'ils ont surnommée Ligne Siegfried, par un jeu de mots signifiant ligne de victoire et de paix. De victoire, il est plus que permis d'en douter, puisque les trente et une divisions qu'ils ont lancées en contre-attaques ont toutes échoué ; de paix, est-ce un présage laissant pressentir qu'ayant engagé toutes leurs réserves, il ne leur restera plus qu'à signer la paix, à nos conditions s'entend ? Acceptons-en l'augure. D'ailleurs la grève des fabriques de munitions de Berlin et de Spandau, grève révolutionnaire et particulièrement grave en ce moment, est bien faite pour donner à réfléchir à l'Empereur et à ses conseillers.

23 avril. — 33.000 prisonniers, 330 canons, voilà le bilan de l'offensive prononcée par les Anglais et les Français de Lens à Reims. Cela représente pour les Allemands une perte de 120.000 hommes au moins, et de toute leur première ligne sur ce front. C'est un important succès tactique ; ce n'est pas encore la victoire stratégique à vastes conséquences. Attendons.

25 avril. — Les Allemands répandent le bruit que des colis envoyés aux prisonniers contiennent des poisons destinés à la population ou des explosifs destinés à faire sauter des établissements allemands. Un colis venu de Suisse aurait contenu des toxiques. C'est à mon sens un coup monté pour exciter et ranimer l'exaspération de leurs soldats qui, sans doute, faiblissait. En attendant, la remise des colis aux prisonniers subit du coup toute espèce de difficultés nouvelles.

27 avril. — Les Allemands reprennent à leur compte la proposition d'envoyer en pays neutres les prisonniers ayant certaines conditions d'âge, de famille et de captivité. On en a parlé si souvent sans que cela réussisse, qu'on est en droit de rester sceptique. Quel peut être leur but maintenant ? En tout cas un point serait acquis, c'est que la décision dépendrait à l'avenir de circonstances matérielles et non plus de la faveur de l'autorité allemande, exception faite, bien entendu, en ce qui touche aux gravement blessés et aux vraiment malades.

1ᵉʳ mai. — Le public allemand est singulièrement renseigné. Des attaques anglo-françaises qui se terminent par plus de 40.000 prisonniers, l'enlèvement de 180 canons, 120 canons de tranchées, près de 200 mitrailleuses, et la prise d'une ligne de 80 kilomètres sont présentées par les journaux allemands comme une défaite de l'Entente. Leur étonnement de n'être pas complètement percés transforme leur propre échec en triomphe.

9 mai. — Singulier revirement des destinées des peuples ! La Russie, que nous considérions uniquement comme un réservoir d'hommes, agit plutôt sur l'Allemagne, depuis la chute du Tzar, comme un réservoir d'idées contagieuses. Le vent de révolution intérieure qui a emporté le tzarisme ébranle les fondements du système féodal prussien. Les Allemands sont en train de réviser leur constitution, et d'enlever au Kaiser son pouvoir souverain.

11 mai. — Les Allemands torpillant les bateaux-hôpitaux, le gouvernement a décidé d'embarquer sur ces bateaux des officiers allemands, pour mettre fin à des actes de sauvagerie inexcusables. Aussitôt le Reich décide de placer des officiers français dans les centres d'industrie les plus exposés aux attaques des avions. Voilà ce qu'il appelle des représailles. Un bateau-hôpital est un lieu sacré ; mais un atelier industriel n'en est pas un. C'est toujours le régime de la violence brutale et du mépris du droit des gens. L'entrée en guerre de l'Amérique et des nombreux Etats qui ont entendu protester contre la manière tudesque de conduire la guerre n'a pas encore ouvert les yeux de ces barbares...

14 mai. — La prescription vexatoire de l'autorité allemande de n'écrire qu'au crayon notre correspondance est levée. A quel ordre d'idées répond ce nouvel état de choses, suivant de si près la mesure d'aggravation visée ci-dessus ? Je l'ignore.

15 mai. — Hier une petite gracieuseté. Aujourd'hui une nouvelle vexation. L'autorisation d'aller se promener dans le bosquet et de cultiver le jardin adjacent au camp est retirée aux officiers français. Prétexte : des marins allemands seraient internés sur des bateaux dans le port de Toulon, et sont privés de toute promenade !

16 mai. — Le discours du chancelier sur les buts de guerre n'ouvre aucun horizon de paix très prochaine. Il rejette à la fois les prétentions trop exorbitantes des pangermanistes, et les concessions des social-démocrates, mais il garde un silence prudent sur ses prétentions et ses concessions propres ; tout au plus promet-il de ménager la Russie si elle consentait à une paix séparée.

On peut en conclure que l'Allemagne ne se sent pas encore assez bas pour déposer les armes, et qu'elle nourrit toujours certaines espérances du côté de la Russie et de la guerre sous-marine ; la famine n'est pas non plus imminente et on espère faire la soudure avec les nouvelles récoltes.

Armons-nous donc de patience !

19 mai. — Un officier français ayant trouvé dans un journal allemand un article parlant de la création de jardins dans un camp de prisonniers allemands en France, et l'ayant montré au commandant du camp, l'autorisation de cultiver le jardin voisin nous est rendue, mais non celle d'aller dans le bosquet.

Le commandant du camp veut à toute force me proposer pour la Suisse. J'oppose une résistance formelle à me laisser proposer par faveur ; je n'irai en Suisse que si c'est un droit absolu résultant des termes d'un traité prescrivant l'envoi en Suisse des prisonniers ayant un âge et une durée de captivité déterminées, mais je ne *veux* pas y aller par une *faveur personnelle.*

25 mai. — Par suite d'un malheureux accident, un soldat russe nettoyant le fusil, encore chargé, d'un soldat allemand, dans le village voisin du camp, a tué un soldat français. Les honneurs militaires ont été rendus à la victime d'une façon très correcte. Des députations de toutes nationalités de notre camp ont assisté aux obsèques, et notre abbé français a dit les prières sur la tombe ; nous avons offert une belle couronne.

Triste fin ! Heureusement, tué sur le coup, le malheureux n'en a pas eu l'angoisse.

30 mai. — Un officier français sortant de l'hôpital de Berlin où étaient signalés des prisonniers français mourant littéralement d'inanition à la suite de représailles, me confirme leur pitoyable état. Il vient heureusement d'arriver pour eux des secours d'un comité suisse. L'autorité allemande avait refusé de transmettre les secours immédiats que nous offrions il y a douze jours pour ces malheureux.

4 juin. — L'Entente ne prendra pas part à la conférence de Stockolm. Cette conférence était due à l'inspiration de l'Allemagne ; de ce fait on peut conclure le pressant besoin qu'elle a de la paix. L'Empire basé sur les privilèges des castes et des hobereaux recourir aux socialistes pour parler en son nom, quel prodigieux changement !

Les Allemands chantent victoire, parce qu'ils n'ont pas été écrasés comme ils le craignaient : comédie aussi pour impressionner les neutres à Stockolm !

5 juin. — La conférence de Stockolm permet à quelques États de faire connaître leurs aspirations actuelles. La France n'a pas voulu de ce moyen qui substitue l'opinion d'un parti à celle du gouvernement, seul responsable. Mais elle a fait connaître clairement ses buts de guerre : libération des territoires occupés, restitution de l'Alsace-Lorraine, paiement des dégâts, pas de conquête, pas de peuple sous le joug étranger, suppression du militarisme prussien, indépendance des grands et petits États, garantie par une organisation des peuples.

Le socialiste allemand Scheideman délibère ces jours-ci à Stockolm. Nous connaîtrons peut-être les buts et prétentions de l'Allemagne.

10 juin. — Les Anglais ont remporté un brillant succès tactique au nord de Lille.

Le mur allemand se lézarde ; il ne s'écroule pas encore. Patience.

11 juin. — Le droit d'aller dans le petit bois contigu au camp est rendu aux officiers français.

12 juin. — Je suis avisé que je vais partir pour un autre camp, sans autre explication. Il était question d'envoyer en Suisse les officiers âgés ayant une certaine durée de captivité. Je m'imagine qu'étant le plus âgé des officiers du camp, je vais être acheminé dans la direction de la frontière suisse.

13 juin. — Dans l'hypothèse que j'indique ci-dessus je fais presque gaiement mes adieux à mes camarades que je crois devoir me rejoindre bientôt et je pars sous la conduite d'un des lieutenants et de l'interprète du camp.

En traversant Berlin en automobile, je demande au lieutenant de me faire passer par les principaux monuments, ce qu'il accepte, et j'ai ainsi une courte vision de la capitale. Les édifices me paraissent lourds et sans beauté. Mais j'apprécie le bon précédé du lieutenant, si différent de la mesure atroce et inconvenante qui nous avait, deux ans auparavant fait traverser Berlin enfermés *dans des voitures cellulaires, comme des bandits de grand chemin.*

CAMP DE KNEUTTINGHEM

De Berlin, je voyage, sous la conduite d'un nouveau lieutenant, en 1re classe et en train rapide jusqu'à Thionville.

14 juin. — Nous descendons dans cette ville, et je suis conduit à l'hôpital militaire, où l'on m'enferme dans une vaste chambre. Un des médecins, alsacien d'origine, vient me prendre vers 17 heures et me conduit dans le jardin de l'établissement, où, à l'abri des oreilles indiscrètes, il m'affirme, à ma grande satisfaction, le vif désir de l'Alsace de retourner à la mère patrie. Il m'apprend que la ville est souvent bombardée par avions français.

15 juin. — Après une nuit passée, à ma grande surprise, sous la garde d'un infirmier qui a couché dans ma chambre dans l'un des nombreux lits qui la garnissent, je suis conduit par quatre hommes en armes à la gare.

J'y trouve un détachement d'officiers français, de tous grades et de tout âge, et je comprends alors qu'il ne peut pas être question d'un internement en Suisse. Ces officiers m'apprennent que nous allons dans un camp de représailles. Amère désillusion !

Après un court trajet en chemin de fer, nous débarquons à Kneuttinghem, et nous sommes conduits au milieu d'une vaste usine métallurgique, où, dans une cour couverte de scories, s'élèvent une baraque en bois et une petite baraque en maçonnerie. La cour est enclose d'un mur de planches doublé d'une haute clôture en fils de fer barbelés.

Nous sommes soixante officiers et douze ordonnances, tous Français. Les soixante officiers sont, je ne puis dire logés, mais empilés dans la baraque en bois où il y aurait normalement place pour vingt lits seulement. Les lits sont à étages superposés, et tellement serrés que c'est un problème de se mouvoir et de loger ses valises. Comme officier général, je dispose d'un box de 2 mètres sur 4 mètres, avec un mobilier de sous-officier, c'est à dire un lit de 0 m. 70 de large, une commode et une toilette vulgaire.

La petite baraque en maçonnerie comprend la cuisine et un local dont le fond contient un lit de camp de troupes pour les ordonnances, et le devant quelques tables pour servir de réfectoire aux officiers. Nous sommes à quelques mètres seulement de hauts fourneaux qui, à intervalles réguliers déversent sur nos têtes un nuage épais de vapeurs jaune safran absolument irrespirables.

Le sol de la cour est recouvert d'une couche de scories que nos pieds devront aplanir et niveler pour pouvoir y marcher quelque peu et prendre l'exercice nécessaire. C'est *une infamie* de loger ainsi des prisonniers de guerre !

L'autorité allemande nous déclare que nous sommes là par représailles parce que des officiers allemands ont été embarqués sur les bateaux qui font le service de Salonique. Comment peut-on comparer l'installation de ces Allemands sur des bateaux où le confortable peut laisser à désirer, mais où du moins les lois de l'hygiène sont observées, avec celle qui nous est imposée, et où nous respirons un air empoisonné ?

Par mesure d'aggravation, il nous est interdit de faire savoir à nos familles le nom de la localité, de peur sans doute que les avions évitent de la bombarder, et en vue de nous faire massacrer plus sûrement par les avions français. *C'est une véritable tentative d'assassinat sur nos personnes que l'autorité allemande a manigancée, et avec hypocrisie.*

16 juin. — Dès notre première nuit, nous avons appris quel sort nous était réservé. L'usine métallurgique où nous sommes, et qui emploie 5.000 ouvriers, travaille la nuit comme le jour. Notre baraque est à 6 mètres des laminoirs. C'est un bruit infernal. Impossible de dormir.

Vers minuit, tout à coup, la sirène lance un long et lamentable gémissement. Aussitôt le travail cesse, toutes les lumières s'éteignent, et c'est la galopade des sentinelles qui vont s'abriter dans les *locaux bétonnés* placés aux quatre coins de notre camp. Car il est bon de remarquer que si, nous, nous sommes sous une simple planche recouverte de carton bitumé, faible garantie contre la pluie, nos garde-chiourmes ont des abris en *béton à l'épreuve de la bombe.* Une bombe d'avion éclate à peu de distance, ébranlant la baraque. Aussitôt une canonnade endiablée et le feu intense des mitrailleuses saluent l'avion qui passe. La canonnade continue près d'une demi-heure, à titre préventif sans doute. Les éclatements des projectiles dans la nuit noire font un pittoresque feu d'artifice.

A cinq reprises différentes, bombe, canonnade et tac-tac des mitrailleuses.

Au matin, nous apprenons que plusieurs bombes ont touché l'usine, qu'il y a de forts dégâts matériels et que malgré les précautions prises, il y a deux ouvriers tués et deux autres blessés. Nous l'avons échappé belle.

J'écris au député Pasqual, notre ancien camarade de Maubeuge, rentré en France, pour lui signaler notre situation, en le priant de demander à l'autorité française compétente, non pas qu'on cesse de bombarder l'usine, mais qu'on n'y envoie que des pointeurs habiles capables de ne toucher que les bâtiments de l'usine en ménageant notre baraque.

J'écris également à l'ambassadeur d'Espagne à Berlin, pour me plaindre du traitement qui nous est infligé.

17 juin. — La seconde nuit n'a guère été plus calme que la première. A trois reprises des avions sont passés, salués par une furieuse canonnade. L'un d'eux lance une bombe qui déclanche aussitôt le tac-tac des mitrailleuses.

Les trônes s'écroulent comme des châteaux de cartes, le tzar Nicolas, Constantin de Grèce payant de leurs couronnes l'un sa faiblesse et son indécision, l'autre sa duplicité. Quelle leçon pour les grands de la terre !

18 juin. — Au milieu de la nuit, une alerte avec canonnade, mais aucune bombe n'est tombée.

Au fond de la vallée étroite où git Kneuttinghem et sous le mince abri de planches qui nous protège, nous souffrons, le jour, sous le soleil ardent, par l'excès de chaleur, et la nuit, par compensation. nous avons froid.

20 juin. — Visite d'un officier général. Il n'adresse la parole à aucun de nous, entre dans mon réduit sans frapper à la porte, se borne à faire le salut militaire, jette un coup d'œil circulaire sur mon installation sommaire, et sort sans dire un mot. C'est, paraît-il, le général von Lockow, un parent du commandant du camp de Blankenburg ; mais il n'a pas la courtoisie de ce dernier.

J'écris à tout hasard au président de la Croix-Rouge de Berne pour protester contre l'infamie que les Allemands commettent à notre égard et leur mépris de la convention de La Haye.

21 juin. — Nous avons le plaisir de voir réussir l'évasion de deux d'entre nous. Comme des ouvriers civils travaillent dans notre enclos à la construction d'une baraque supplémentaire, deux officiers, fort habilement grimés en ouvriers civils, en vêtements de toile, portant sur l'épaule des matériaux de construction, se font ouvrir la porte par la sentinelle et sortent en plein jour au nez et à la barbe du poste. L'un d'eux connaît le pays et parle très couramment allemand. C'est un atout pour leur tentative. Bonne chance !

22 juin. — Au moment de l'appel, l'autorité allemande découvre les deux évasions. Fureur et agitation auxquelles ne répondent que nos sourires goguenards. Fouille de nos effets. Tout notre argent de poche nous est retiré. Nous subissons plusieurs appels dans la journée.

Un photographe arrive avec son appareil, et je reçois du commandant du camp l'ordre de me laisser photographier, en vue sans doute d'avoir un moyen de nous retrouver au cas d'évasion. A ma protestation, le commandant me déclare que mon refus sera considéré comme refus d'obéissance. Je finis par céder. Les autres officiers refusent. Perplexe, le commandant du camp renvoie le photographe et rend compte à l'autorité supérieure.

23 juin. — Un officier général arrive au camp, nous fait rassembler, nous salue, puis se retire sans dire un mot après une rapide visite des baraques.

24 juin. — Nouvel ordre aux officiers de se laisser photographier. Ils acceptent alors, mais à condition d'être, pour la pose, encadrés de deux soldats baïonnette au canon, vivants témoins de la violence qui leur est faite.

Au lieu d'un seul appel, nous en avons maintenant quatre par jour, plus une ou deux rondes la nuit.

Ces brimades, qui marquent le désappointement de nos gardiens, ne nous font que sourire de leur dépit.

27 juin. — C'est un dimanche. Un prêtre catholique allemand vient célébrer une messe dans la nouvelle baraque. Il ne peut s'empêcher de constater la situation qui nous est faite, et nous dit que, comme nous sommes en danger de mort, il va nous donner une absolution générale sans confession, comme sur le champ de bataille, ce qu'il fait en effet.

28 juin. — On nous supprime tous les colis de vivres que nous recevions de nos familles. Prétexte : les officiers allemands embarqués pour Salonique ne reçoivent pas les leurs pendant les traversées. C'est un mensonge hypocrite, car ces officiers, touchant leur solde avec majoration par le change et vivant en France où les vivres sont abondants, avaient la facilité de s'approvisionner largement avant le départ. Or ici le marché est si réduit que nous pouvons à peine y faire acheter quelques mauvais fruits. Par mesure d'aggravation, tout ce que nous avions déjà reçu est partagé d'office, 1/4 à la cuisine, 3/4 aux prisonniers russes et aux civils internés qui travaillent par ordre dans l'usine.

2 juillet. — Le vent rabat sur nous tous les gaz toxiques des hauts fourneaux. L'air est irrespirable ; je le fais constater au lieutenant du camp, qui le reconnaît franchement. Il m'invite à remettre au commandant du camp une note faisant ressortir la mauvaise installation de celui-ci. Je le fais aussitôt. Il me propose de me faire porter malade ; mais je refuse de déserter un poste dangereux et malsain quand mes camarades y restent.

Nuits du 3 au 4, du 4 au 5, du 5 au 6, du 6 au 7 juillet. — Fausses alertes, violentes canonnades, pas de bombes.

7 juillet. — La nouvelle baraque, en maçonnerie couverte en planches, reçoit vingt-six d'entre nous, les plus jeunes. Les autres sont enfin un peu desserrés et le casernement devient moins désagréable. La baraque comprend également une pièce qui servira de réfectoire. Quant à moi, je continue à prendre mes repas, seul, dans mon réduit.

Nuits du 7 au 8 et du 8 au 9 juillet. — Fausses alertes, canonnades, pas de bombes.

9 juillet. — Un général allemand vient, à la suite de mes plaintes, visiter le camp, me fait appeler et dire qu'il sera répondu en détail à mes réclamations.

Nuit du 12 au 13 juillet. — Deux bombardements par avions. Violentes et nombreuses canonnades, tir des mitrailleuses. Plusieurs carreaux sont cassés par des éclats dans notre baraque.

Un prêtre alsacien parlant bien le français, escorté d'un prêtre allemand qui le surveille, vient célébrer un service religieux dans le réfectoire. Un très grand nombre d'officiers et quelques ordonnances y assistent. Il nous fait une allocution très bien sentie.

14 juillet. — Fête nationale. Je réunis le personnel français, et, après quelques mots de félicitation pour le sang-froid manifesté par tous lors des bombardements, je serre la main de chacun.

Nous apprenons avec joie la chute du chancelier von Bethman-Hollweg, excellent indice du mécontentement du Kaiser et du peuple allemand sur la marche de la politique de guerre.

Nuit du 15 au 16 juillet. — Fausse alerte, violente canonnade.

18 juillet. — La mesure relative à la suppression des colis est rapportée. Nous avions réellement souffert de la faim avec la minime portion d'aliments que nous servait, et à nos frais, l'autorité allemande. Aussi le rétablissement de la distribution des colis cause-t-il un vrai soulagement que toutefois nous nous gardons de manifester devant nos geôliers.

Il m'est donné lecture d'une réponse de l'autorité supérieure à ma note de réclamation du 2 juillet. Naturellement, toutes mes plaintes sont rejetées, en un style qui, voulant être spirituel, n'est que grossier et insolent. C'est bien boche !

20 juillet. — Les journaux nous apportent le manifeste du Reichstag demandant une paix d'entente. Les Allemands ont assez de cette guerre qu'ils ont déjà perdue, et bien perdue. A nous de tenir ferme, et le succès ne nous échappera pas.

Nuits du 22 au 23 et du 23 au 24 juillet. — Très violentes canonnades contre des avions qui passent, mais sans jeter de bombes sur l'usine.

Nuit du 24 au 25 juillet. — Alerte du même genre. Une grosse fusée perce le toit de la chambre où couchent les ordonnances et fait un trou profond dans la brique qui constitue le sol à deux pas d'un tirailleur arabe qui l'a échappé belle.

Nuit du 26 au 27 juillet. — Canonnade lointaine, vers Thionville.

Nuit du 27 au 28 juillet. — Bombardement sur l'usine et la gare ; violente canonnade.

30 juillet. — Nous sommes avisés que nos lettres ne seront expédiées au départ et remises à l'arrivée qu'*une seule fois par mois*. C'est une brimade gratuite, car s'il y a impossibilité matérielle pour les Allemands embarqués pour Salonique de leur remettre ou d'expédier leur courrier en cours de route, on ne peut invoquer pour nous aucun motif de force majeure analogue. Nous sommes autorisés à écrire trois lettres supplémentaires pour en aviser nos familles ou nos amis.

31 juillet. — Un lieutenant-colonel du ministère de la guerre de Berlin vient visiter le camp. A mes réclamations il répond par un tableau noir de la situation des Allemands embarqués sur les bateaux-hôpitaux de Salonique, et ajoute que c'est de propos délibéré qu'on nous a choisi une installation aussi défectueuse, par mesure de représailles.

3 août. — Je suis examiné d'office par le médecin de service. J'ai beau protester que je ne me reconnais pas malade ; il répond qu'il agit par ordre. Mystère !

Nuit du 12 au 13 août. — Fausse alerte, canonnade contre avions.

13 août. — Depuis deux jours, nous percevons distinctement un roulement continu de canon vers l'Ouest. Quelque violente attaque se prépare. Mais par qui ? Nous sommes un peu angoissés. Une victoire française dans la région pourrait peut-être nous délivrer.

16 août. — Distribution de nos colis du mois. Satisfaction générale.

Nuit du 16 au 17 août. — Fausse alerte des avions. Violent tir de barrage. Le roulement continu de canon dans l'Ouest, vers Verdun, reprend avec intensité.

Nuit du 17 au 18 août. — Plusieurs bombes d'avions tombent aux alentours, violents tirs de barrage et tac-tac des mitrailleuses.

18 août. — J'ai une grande joie. Depuis un mois, il ne nous était plus remis aucune lettre. Je reçois un paquet de lettres datées de juillet.

19 août. — Le roulement du canon, que les Allemands appellent *trommelfeuer*, feu de tambour, continue du côté de l'Ouest. Les journaux laissent pressentir que nous avons remporté un succès devant Verdun.

Nuit du 22 au 23 août. — Plusieurs bombes d'avions tombent dans la direction de la voie ferrée. Nos baraques sont secouées.

26 août. — On entend de plus en plus violente la canonnade vers Verdun

Nuits du 3 au 4 et du 4 au 5 septembre. — Violents tirs de barrage contre avions.

Nuit du 5 au 6 septembre. — Plusieurs bombes d'avions tombent dans le voisinage, violents tirs de barrage.

Nuits du 9 au 10 et du 10 au 11 septembre. — Fausses alertes, violents tirs de barrage.

11 et 12 septembre. — Le vent nous rejette les gaz toxiques des fourneaux. Nous ne savons où nous réfugier pour respirer.

15 septembre. — Grande joie, remise mensuelle des lettres de France. Les nouvelles qu'elles nous apportent sur les pourparlers relatifs aux internements en Suisse nous laissent peu d'espoir. Qui donc y oppose de la mauvaise volonté ?

Par contre, le commandant du camp m'annonce qu'à son

avis les représailles cesseront prochainement. On parle de l'intervention généreuse du roi d'Espagne en personne. Nos lettres du 17 août le laissaient espérer, mais il y a déjà un mois qu'on le croyait en France, et nous sommes toujours dans cet abominable camp.

Nuits du 16 au 17 et du 17 au 18 septembre. Soirées du 21 et du 22 septembre. — Plusieurs fausses alertes. Tirs de barrage. Un éclat d'obus pénètre par la fenêtre dans une de nos chambrées.

23 septembre. — Nous lisons avec étonnement la déclaration faite par le chancelier dans sa réponse au pape que « la puissance morale du droit doit primer la puissance matérielle des armes ». Quel aveu de défaite ! Et comme nous voilà loin de Bismark et de son principe : « La force prime le droit. »

25 septembre. — A 11 heures et dans la soirée, passages d'avions salués de violents tirs de barrage. Les avions s'enhardissent à venir de plein jour et non plus de nuit seulement. Nous les suivons des yeux avec une émotion joyeuse, car c'est la France qui passe.

Nous apprenons avec plaisir que le gouvernement français nous enverra, aux officiers comme aux soldats, une ration de 2 kg. 500 de biscuit par semaine. Ce sera plus nourrissant que l'horrible et indigeste pain KK.

Journée du 27. Nuits du 27 au 28, du 30 septembre au 1er octobre, du 1er au 2 et du 2 au 3 octobre. — Série d'alertes. Nous entendons éclater des bombes vers la gare de Thionville. Violents tirs de barrage sur nos têtes.

Le froid devient vif. Nous gelons dans nos chambres.

10 octobre. — On installe des poêles dans nos chambres. Nous souffrions du froid. Mais notre satisfaction est mitigée par la pensée que, si les Allemands font les frais de cette installation, c'est que notre séjour à Kneuttinghem n'est pas près de finir.

13 octobre. — Distribution mensuelle des colis et des lettres. Nous apprenons le cœur navré que les conventions en projet pour les internements en Suisse des prisonniers ayant au moins dix-huit mois de captivité ont échoué.

Désespérant alors de sortir des prisons allemandes par une mesure générale, je me résigne, bien malgré moi, à faire une demande individuelle d'internement en Suisse. Ma santé, fortement éprouvée par le séjour malsain de ce camp, par le manque de sommeil que me cause le bruit infernal de l'usine toute la nuit, me classe, à mes propres yeux, dans la catégorie de ceux qui, sans faveur aucune de l'autorité allemande, ont droit à l'internement en Suisse.

Le médecin du camp me visite et me dit qu'il émet un avis conforme.

Nuit du 15 au 16 octobre. — Deux alertes avec tirs de barrage.

16 octobre. — Le commandant du camp nous annonce que le camp sera évacué demain. Joie générale. Nous conserverons de notre séjour ici un souvenir odieux.

BLANKENBURG (2ᵉ séjour)

18 OCTOBRE 1917. — Départ du camp de Kneuttingem à 7 h. 30.

19 et 20 octobre. — Quatre officiers sont envoyés à Trèves, les autres répartis entre Gutterslo et Reisen. Moi seul je retourne à Blankenburg. Nous partons tous en groupe, bien que j'aie un officier spécial (feldwebel-lieutenant) pour m'accompagner. Le voyage dure trois jours et deux nuits en trains omnibus, wagons non chauffés malgré le froid, 1ʳᵉ, 2ᵉ ou 3ᵉ classe suivant les trains.

A Cassel, on nous sert au buffet une exécrable platée comprenant une saucisse, quelques chous et quelques pommes de terre, sans pain ni boisson, qu'on nous a fait payer d'avance 3 m. 75.

Le feldwebel installe les deux colonels et moi sous la garde de son ordonnance, espèce de butor, et voyage avec les autres officiers allemands. A part ce manque de tact, il se montre poli à mon égard.

Je reprends à Blankenburg mon ancienne chambre et retrouve mes anciens compagnons, général Leman, de La Plane, etc..., etc...

L'accueil qui m'est fait est plein de sympathie

Le capitaine von Lockow, commandant du camp, vient m'exprimer tous ses regrets de n'avoir pû empêcher que je sois envoyé dans un camp de représailles, et promet d'appuyer ma demande d'envoi individuel en Suisse. Il m'apporte aimablement une bouteille de vin fin pour me remettre de mes fatigues.

Malgré les mauvaises conditions du voyage de retour, je me sens moins fatigué qu'à mon départ de cet abominable enfer de l'usine de Kneuttingem ; j'ai dû mieux dormir en wagon que dans ma cellule de là-bas.

22 octobre. — Le calme du camp de Blankenburg commence à faire sentir son effet salutaire. Je dors profondément.

24 octobre. — On parle de l'aboutissement final de l'accord relatif à l'internement en Suisse ou au rapatriement des prisonniers ayant plus de dix-huit mois de captivité.

Mais, de son côté, l'autorité allemande, escomptant la réussite de cet accord, a suspendu toutes les demandes individuelles. Pourvu que nous ne restions pas indéfiniment entre deux selles ! J'ai quelques craintes.

28 octobre. — Démission du chancelier Michaelis. C'est un succès du Reichstag contre le parti pangermaniste.

30 octobre. — Nous avons eu un succès dans l'Aisne. Mais par contre, les Italiens éprouvent une défaite capitale sur l'Isonzo.

2 novembre. — Obsèques à Blankenburg d'un major belge, décédé de suite de maladie à l'hôpital de Spandau et dont le corps est ramené au camp. Nous offrons une belle couronne, et suivons tous l'enterrement du camp au cimetière. Les Allemands ont rendu les honneurs militaires et ont très correctement réglé la cérémonie.

3 novembre. — Nomination comme chancelier du comte von Hertling, un Bavarois. C'est un échec pour la Prusse qui jusqu'ici avait toujours fourni de son sein ce fonctionnaire si important. Les états secondaires de l'Allemagne veulent avoir leur part à la direction des affaires.

En me pesant, je constate que pendant mon séjour au camp de représailles, j'ai perdu en poids 11 kilogrammes.

7 novembre. — L'autorité allemande nous avait annoncé officiellement à Kneuttingem que le gouvernement français enverrait à l'avenir aux officiers comme aux hommes de troupe 2 kilogrammes de biscuit par semaine. Elle avait même ajouté, ce qui précisait le renseignement, que le pain reçu par les officiers en provenance de leurs familles ne leur serait plus distribué, mais serait versé à la cuisine commune. Aujourd'hui, je reçois, de l'administration chargée des envois aux hommes de troupe, avis que la décision susvisée est en question, mais pas encore intervenue. Ce serait pourtant fort à souhaiter, car il devient difficile de faire venir du pain qui ne moisisse pas en route, et les pays neutres en restreignent de plus en plus l'exportation.

9 novembre. — Un journal officiel dément la rumeur qui a circulé à Berlin et ailleurs que le gouvernement allemand nous restituerait l'Alsace-Lorraine. Il n'en est pas là encore : mais l'idée prend corps dans le public qui s'y habitue. Il y viendra tout à fait. Les compensations seraient cherchées du côté de la Russie. Que celle-ci fasse son devoir !

10 novembre. — L'anarchie règne en maîtresse en Russie ! Tristes alliés, qui sont devenus pour nous un lourd fardeau plutôt qu'une aide !

Le *Worwerts*, journal allemand, ose vanter la victoire en Russie des idées extrêmes des maximalistes et la décision du Reichstag s'opposant à l'annexion de la Pologne à l'Autriche, de la Courlande et de la Lithuanie à l'Allemagne comme contraire à ses vues. A remarquer que la censure a laissé passer l'article.

19 novembre. — Un député modéré du Reichstag a osé dire, dans un article de journal, que, si l'on envisage dans l'ensemble des continents la carte de guerre, elle n'est pas favorable à l'Allemagne. L'Allemagne est, en effet, expulsée d'Afrique, d'Asie, d'Amérique, et du commerce maritime, et c'est, au point de vue économique une défaite qui fait plus que compenser ses gains de terrain en Europe sur des territoires qu'elle ne peut pas avoir la prétention de conserver définitivement.

21 novembre. — Voilà Clemenceau premier ministre et ministre de la guerre. Son nom signifie guerre à outrance. Il annonce des mesures de rigueur contre les pacifistes, qui sont des traîtres à la patrie. Bravo !

Les Anglais ont remporté un brillant succès près de Cambrai.

En Italie, la marche des Allemands marque un temps d'arrêt.

27 novembre. — Le commandant du camp m'informe que je puis m'attendre, à dater du 6 décembre, à partir pour la Suisse.

J'en suis heureux pour ma femme et pour moi ; c'est une compensation aux représailles que j'ai subies. Mais c'est aussi le signe que le projet de convention concernant les prisonniers ayant plus de dix-huit mois de captivité a échoué, et qu'on reprend les envois individuels.

Un vol singulier éclaire la situation de l'Allemagne au point de vue de la disette du cuir. Pendant la nuit et une tempête, des voleurs ont pénétré par effraction dans la chambre des machines du camp, près du poste, et volé la courroie de transmission de la pompe à eau. Le poste n'a rien vu. Du coup le camp se trouve pendant deux jours privé d'eau dans les bâtiments, et l'on doit la monter avec des seaux.

28 novembre. — Les Allemands n'autorisent l'envoi de procurations concernant des affaires d'argent qu'à la condition qu'il y soit spécifié nettement que cet argent ne pourra servir à contribuer aux emprunts de guerre des nations de l'Entente ! Quelle petitesse d'esprit, mais aussi quel signe qu'ils sont aux abois !

Fin novembre. — Départ définitif de Blankenburg.
J'aurai passé plus de deux ans dans ce camp qui, en comparaison de la prison de Torgau, de l'abominable camp de Burg et des odieuses et malsaines baraques de Kneuttin-

ghem, me laisse un souvenir moins amer, grâce aux sentiments courtois du capitaine von Lockow et de ses adjoints,
et grâce surtout à la bienveillante amitié du général Leman,
au dévouement chaleureux de mon brave compagnon de
La Plane, à celui de mon fidèle ordonnance, et à la bonne
camaraderie de plusieurs officiers des quatre nations alliées.

Ici se termine le journal que j'ai tenu en Allemagne de
mes impressions de captivité. Pour être complet, je vais
résumer de mémoire mes impressions du dernier mois de
séjour, celui que j'ai passé à Heidelberg avant le départ
final.

CAMP DE HEIDELBERG

A la fin de novembre, je suis conduit, avec deux autres
officiers, de Blankenburg au camp de Heidelberg, où nous
passerons la visite médicale de la commission suisse. Nous
sommes en cours de route l'objet de certains égards, et au
lieu de passer une nuit d'attente dans la gare de Francfort,
le lieutenant qui nous escorte nous conduit dans un hôtel
confortable à proximité de la gare. C'est la première fois
depuis trois ans et demi que je couche dans un vrai lit,
moelleux et chaud, et j'éprouve, je l'avoue, une sensation de
bien-être toute nouvelle pour moi.

A Heidelberg, nous sommes logés dans une école militaire
de sous-officiers d'artillerie, vastes bâtiments et grande cour.
J'y retrouve de nombreux officiers français, anglais, belges
et russes. Certains d'entre eux attendent depuis plusieurs
mois le départ pour la Suisse, et cette nouvelle nous donne
quelque peu de mélancolie. Nous n'embrasserons peut-être
pas sitôt nos familles.

Les semaines se passent. Un premier départ pour la Suisse
a lieu ; nous n'en sommes pas. Mon ami, le général Leman,
arrive à son tour. Après trois jours seulement de séjour, il
est dirigé sur la Suisse.

J'attends toujours, et mon impatience s'accroît de voir que

la Noël n'apporte aucune espérance. Le froid est devenu des plus vifs. Le thermomètre descend au-dessous de — 20°. La cour est couverte d'une épaisse couche de neige gelée.

Enfin, la visite médicale a lieu. Presque sans examen, je suis reconnu bon pour l'internement en Suisse.

Le 28 décembre, nous recevons enfin l'ordre de départ. A minuit nous quittons le camp par un froid de — 25°. On nous empile dans des wagons de 3e classe, non chauffés. Puis les heures se passent ; nous ne partons pas. La locomotive est gelée et ne peut démarrer. A 6 heures du matin, ordre de descendre et nous sommes enfermés dans un autre train qui, celui-là démarre. Le convoi franchit la forêt Noire, que je trouve moins pittoresque que nos Vosges, et nous débarque à Constance. Nouvel arrêt, heureusement assez court, et une seule nuit passée dans une infirmerie où nous sommes convenablement chauffés.

Le 29 décembre, enfin, nouveau départ, définitif celui-là. Nous saluons la terre hospitalière de Suisse, et à notre arrivée à Berne, nous sommes reçus par l'aimable président du Comité Suisse, colonel docteur B..., ainsi que par le sympathique ministre plénipotentiaire français, comte de M..., et le colonel Pageot.

Mes souffrances sont terminées. C'est la joie d'un accueil chaleureux, c'est la réunion prochaine avec ma chère femme, c'est une installation confortable en perspective. Je vais passer en Suisse, à Lausanne, six mois de calme repos, auprès de ma femme, au milieu de nombreux Français, et de la si sympathique population vaudoise, compensation bien due à toutes mes épreuves.

FIN

TABLE DES MATIÈRES

IMPRIMERIE-LIBRAIRIE MILITAIRE UNIVERSELLE L. FOURNIER, 264, BOULEVARD SAINT-GERMAIN